コミュニケーション力が上がる!
伝わる声のつくり方

歌手・ボイストレーナー
あらたに葉子
Yohco Aratani

日本評論社

まえがき
自分の気持ちが伝わらないと感じたときに

私たちは日々の生活の中で、自分の意志や気持ちが人に伝わらないなぁ、と感じることがよくあります。そんなとき、あなたはどんなことを考えますか。どんな気持ちになりますか。嫌われているのかな、自分が社会に受け入れられていないのでは、自分が取るに足らないような存在なのではないかしら、とつい寂しく思ったり、不安を感じたりしていませんか。

私もそんな気持ちになることはあります。

でも、そう思う前にちょっと考えてみてください！

もしかしたら、相手は聞き取れなかっただけかもしれない。もしかしたら、相手の心が何か別のことに捕らわれていて、余裕がなかっただけなのかもしれない。もしかしたら、自分ではなく他の人に向かって言っているだろうとスルーされただけなのかもしれない。拒絶されたと結論づける前に想像すべきことはたくさんあります。

な～んだ！　そんなことなら考えているよ、と言う人もたくさんいるでしょう。自分は声が小さいから、自分は子どものころから滑舌が悪くて伝わりにくい、と半ばあきらめている人もいるかもしれません。

しかし、あきらめる必要はありません。

ちょっとした表現の基礎知識を知り、意識を変えることで、表現力は大きく変化するからです。たまたま、あなたがそのスキルを習う機会がなかっただけのこと。そこへのアクセス方法を少し学ぶだけでもずいぶん気が楽になり、前に進む勇気が湧いてきます。なによりも知ることで、コミュニケーション力というよく耳にはするけれど、その実態も身につけ方も、誰もはっきりとは教えてくれないことに対して、やみくもにおそれる必要がなくなります。

最低限、自分の伝えたいことを相手に誤解なく届けることができれば、拒絶されようが否定されようが、本望ではありませんか！　ただ、それ以前の段階で伝えきれずにあきらめてしまうと、もやもやと残念な思いが心の底に溜まっていくばかりです。

なぜ、ボイストレーナーが大学で講義を？

私が大学で講義をするようになったきっかけは、K氏との出会いでした。

その人はエンジニアで、出身大学の同窓会にもかかわりを持ち、後輩の就職支援をしていました。

それまで私も歌の仕事のかたわら、歌手や声優、俳優など芸能界を目指す若者にボイストレーナーとして声と表現の指導をする仕事をしていました。K氏にそのレッスンの内容を話したところ、ぜひ自分の出身大学の学生にもその講義をしてくれないか、と依頼されたのです。

今の若い学生の声が小さくて無表情なので、なにを考え、なにを望んでいるのかわからないとK氏は言います。そして、はっきりとした理由がわからないまま学校に来なくなったり、やめてしまう学生が増えているということも聞きました。就職に悩む学生は以前からもいましたが、今では就職活動さえ放棄する学生や、本人が引きこもってしまい、両親が心配して相談に来るケースも増えているのだそうです。

けれど、私も困りました。芸能界を目指す若者と一般の大学生とでは、必要な資質もスキルも違います。音楽の世界しか知らない私の話などが役に立つとは到底思えませんでした。でも、じつはいつの日か小学校の先生の卵たちに声や表現を教えてみたいという夢もあり、今の大学生はどんな人たちなのだろうという興味が後押しして、講義の依頼を受けることにしました。

まったく知られていない、表現の基礎知識

最初に与えられた講義の時間は1時限。たった90分で声と表現力が上達することなんてありえません。大切なのは日々の意識と訓練です。特に声の訓練には時間がかかり、ボイストレーニングは基本的にはマンツーマンで行うもの。同時に何十人もの学生にボイストレーニングをするなんてことは所詮無理です。

そこで講義に臨むにあたり、ボイストレーニングから少し離れて、舞台人の基礎訓練とはどういうものかを話そうと思いました。

テーマは、『自分が伝えたいことを、誤解を受けずに相手に伝えるために必要な技術について』としました。そして、聞いている学生が眠くならないように、実際の訓練の体験をなるべく多く入れるワークショップ形式の講義にしました。これはかなりの冒険でした。フィールドのまったく違う学生に芸能訓練を体験してもらうのですから。

いよいよ、本番！　講義の当日です。人前で歌ったり話したりすることには慣れていたものの、勝手の違う大学で講義をするのはまったくの〝素人〟。結果は散々で、表現を指導する私自身の表現は、至らないところばかりでした。しかし、それにも増して多くの収穫がありました。それは思いのほか、学生が楽しんでくれたこと。そして何よりも、〝日本では学校教育の中で表現力のトレーニングがまったくされていない！〟という現状を知ったことでした。

意外と簡単！　舞台人の基礎訓練がコミュニケーション力をアップさせる

この講義がきっかけとなり、私は大学で講義をする機会が増えました。私に大学での講義を勧めたK氏と同じ思いの先生方がたくさんいることを知りました。芸能人としてプロフェッショナルになるための訓練は厳しいものですが、その入口である基礎訓練が、一般の人のコミュニケーションのスキルアップに有効であることを実感したのです。

考えてみれば、欧米では自分の意見や調べたことを発表するプレゼンテーションが教育のカリキュラムの中で重視されていて、子どものときから表現を学ぶ機会がたくさん与えられています。しかし日本の教育現場では学習に重きが置かれていて、身振り手振りを付けながら相手にわかりやすく伝える方法を学ぶ機会がほとんどないままに義務教育を終えます。高校に入ってからも、演劇部や落語研究部にでも入らないかぎり、滑舌を習う機会さえありません。

これでは大学で、そして社会に出て、いきなりプレゼンテーションをやれと言われたり、急に高度なコミュニケーションの必要な現場に立たされても、とまどうのは仕方ありません。

このグローバル社会の中を生き抜く国際的人材を育てるためには、小学生のときから表現のスキルを上げる訓練をするべきでしょう。最近では日本の教育現場にも少しずつ、表現の訓練が取り入れられてきているようですが、そういう経験を経ずにここまできた世代が、ただ手をこまねいていても仕方がありません。

本書は第Ⅰ部を「ボイス編」として主に声にかかわることを。第Ⅱ部は「身体表現編」として、立ち方や視線、仕草、緊張など、声以外の表現について。そして第Ⅲ部は「分野別編」として、おもに私がかかわっている分野における声と表現について書きました。

どれも、私自身が伝えることのむずかしさに直面しているときに、助けてくれた知識ばかりです。そして比較的簡単で日常生活に取り入れやすいと思われるトレーニング方法も、いくつかアレンジしました。

まずは、実際にあなたが困っているところや興味のあるところ、できそうなところからトライしてみてください。トレーニングというより意識の変革です。

本書を手にすることで、少しでも声やコミュニケーションに悩む人の感じている〝壁〟が低くなり、楽しみながら前に進むお手伝いができたならば、こんな幸せなことはありません。

Contents

第II部　伝わる身体のつくり方

第 I 部

伝わる声の
つくり方

第1章 良い声ってどんな声？

あなたは自分の声が好きですか？

私は講義をするときに、よくこの質問をします。しかし残念なことに、「自分の声が好きだ」と、答える人は少ないです。はじめは、謙虚だからそう言っているのかなぁとも思いました。けれど、アンケートでも7〜8割の人が「嫌い」または「あまり好きではない」と答えるので、本当に好きな人が少ないようです。

それはもったいないことです。

自分の声をちゃんと聞いたことがありますか。

自分の声を録音したとき「これが自分の声。違う人みたい…」と、思ったことありませんか。

これにはちゃんと理由があります。鼓膜と声の作られる場所との位置関係がかかわっています。

声の出るしくみについては、後ほどくわしくお話しますが、声の振動のもとは声帯から生まれ、その振動が身体に響いて声となります。特に頭部の鼻腔や口腔によく共鳴しています。そして鼓膜は耳の奥にあり、これらはとても近い位置にあります。他人の声は外からの音を耳で集音して聞いていますが、自分の声はほぼ自分の体内、特に頭蓋骨内に共鳴した音を聞いているので、録音した声が違って感じるのです。ただ、外に響いている自分の声も同時に聞いています。歌い手として自分を基準に考えてみると、7：3あるいは8：2くらいで自分のからだの中で鳴っている音を大きくとらえているように感じます。

ですから人が聞いている自分の声と、自分が知っている自分の声が、微妙に違うのは当然なのです。

〝良い声〟の基準は人それぞれ

私は歌手やボイストレーナーをしていて、よく「良い声とはどんな声ですか？」という質問を受けます。

—鼓膜と声が作られるところ—

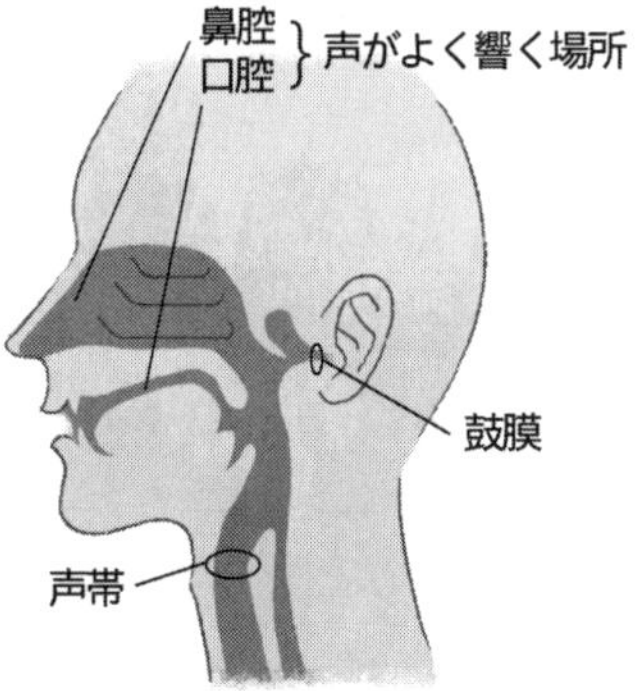

カラオケに行くと点数が出るのは、音程やリズムが外れていないかといった技術の評価と、こぶしがうまく入っているか、などといった表現力を総合的に点数にしたものです。けっして良い声とか悪い声という〝声の質〟についての評価ではありません。

容姿もはっきりした基準はないにしても、なにかしら多くの人が美しい人と感じる〝基準〟があるのでしょう。あるTV番組で、『目鼻口の長さや間隔が黄金比に合致すると美しい』と言っていて驚いたことがありました。その時代や場所に行かなければ、その価値観を知ることはできませんが、それでも時代や地域の中で多くの人が美しいと感じる造作や容姿があるのかもしれません。

では、声はどうでしょうか。声も容姿と同様に人それぞれ違います。そしてポップスの世界では時代を表す〝流行の声〟はあるでしょう。人々が、「あの人の声は良い声だね」とか「あんな声になりたいなぁ」というのをよく耳にしますし、私自身もそう思うことがあるので、多くの人が美しいと感じる声があるのでしょう。でも〝良い声〟を〝好きな声〟に置き換えてみると、容姿よりはるかに好みはさまざまです。しゃがれたハスキーボイスが好きという人がいるかと思えば、高い声が好きな人、逆に低い声が好みの人もいます。それは理屈では表せない、流行や時代の価値観に左右されない多様な好みです。その理由として、**声は目に見えない**からではないか、と私は思っています。

自分の親の声に近い声を美しいと感じる場合もあるでしょうし、父親と違う声の男性に魅力を感じる女の子がいるかもしれません。複雑な深層心理がかかわり、そのため**人の好みと比べにくく、本能にストレートに訴える**。そこにこそ〝声の魅力〟があると感じます。

では、逆に『悪い声』ってあるのでしょうか。

これも定義はむずかしいです。のどのあたりが閉まっているような、あきらかに苦しそうに出している声は、聞いていて「なんだかつらいなぁ」と感じます。首のあたりに力が入って、キンキンと聞こえる声は、ヒステリックに感じます。だから、気持ち良くのびのびと響いている声は、大多数の人が「ああ良い声だなぁ」と感じる。これは自然の摂理でしょう。

あなたはどんな声の人が好きですか。

それは、「いい人」「悪い人」の基準にも似て、個人的で、本能的、根源的で、あなた自身さえその好みに気づいていないかもしれません。だからこそ、もしあなたの声が気持ちよく響いているときは、あなたの声を「良い声だ、好きだ」と感じる人が必ずいるということでもあるのです。

響く声はうつくしい

私たちは鳥のさえずりを美しいと感じます。特に森の中や岩場や川沿いなど、音の響きやすい場所で、鳥の声に耳を傾けることが多いでしょう。都会の休日の朝など、コンクリートに囲まれた静かな場所で、ふと鳥の声が耳に入ってくることはありませんか。

この〝よく響く場所〟というのが重要なポイントです。想像してみてください。ちいさな防音室の中でも鳥の声は美しいでしょう。でも森の中で聴く鳥の声と比べてみたら、どちらが美しいかは歴然ですよね。音は共鳴してこそ、美しさに磨きがかかります。

また、ウグイスのようにとても小さい鳥でも、遠くまで鳴き声が届きます。鳥にはちょうど気管支のところに人間の声帯にあたる鳴管という器官があり、そこを笛のように使って音を生み出し、気道を響かせて大きな声でさえずることができるのです。小さいからだなのに、遠くまで響く声を持っている鳥たち。うらやましいですね！

羽をもち、行動範囲の広い鳥たちは、それだけ広い範囲に声を届かせなければならなかったのでしょう。鳥の歌が美しく響くのは、からだの割に長い気道を上手に響かせて、それを周囲の樹々や岩などに共鳴させて、遠くの仲間と情報を伝え合ってきたからなのでしょう。

私たち人間も、声帯が生ずる音はとても小さく、それをからだ全体に響かせて遠くに届けます。決して声帯の振動だけが声ではないのです。それをどのように響かせるかが〝声の質〟になります。美しい鳥のさえずりのように、美しい楽器の音色のように、人の声も相手の心に響く〝振動の質〟が重要です。

改めて、良い声とはどんな声でしょうか。

私は、この質問を受けると、「よく響く声」と答えています。「**よく響く声はどんな声でも良**

い声である」と。

響く声。それは容姿同様、いや、ある意味それ以上に、その人のアイデンティティを支える重要な要素です。そして誰であっても、どんな声質でも、良く響けば良い声なのです。

自分の声を好きになろう！

基本的に自分の声を変えることはできません。でも先ほどお話したように、声に対する好みはさまざまです。たとえ自分ではあまり好きでなくても、自分の声を良いと言ってくれる人がたくさんいることを忘れないでください。

私は以前は自分の声をあまり好きではありませんでした。でも、歌手という仕事をはじめてから、多くの人が私の声を好きだと言ってくれることに、最初は驚きました。トレーニングが楽しくなりました。そして次第に自分の声が好きになりました。

もともと響かせることを知っている人は別ですが、声を効率良く響かせるには訓練が必要です。でもまずは、自分の声を好きになってください。なかなか好きになれない人は、良い声だなと思う人に「良い声ですね」と、褒めてください。すると、あなたの声を褒めてくれる人に出会う機会がきっと多くなるでしょう。

良い声とは響く声。気持ち良く響けばどんな声質でも良い声なのです。
自分の声を好きになって、歌にコミュニケーションにどんどん挑戦してください。

第2章 声からわかること

声に含まれるさまざまな情報

私は歌手ですが、傍らボイストレーナーという仕事をしています。長期にわたって同じ人の声を定期的に聞いていると、声はその人の顔の表情のように、時にはそれ以上に、その人の内にある情報を教えてくれます。

まず、体調がわかります。風邪をひけば声がガラガラになって出にくくなるし、鼻声にもなります。それだけではなく、からだに不調をかかえていると、体内の筋力バランスが崩れて、なんとなく声に力がなかったり、くぐもった響きになって、いつもとは違う音を含んでいます。

そしてしばらくすると病気の連絡が入ったりするのです。子どものときに小児喘息だった人が、今は症状がなくても、声の中にシーシーという気管支の音が微かに混じっていたり、また女性の場合、生理がわかるときがあります。何となく響きが重くなるのです。

妊娠を感じ取れたときもありました。水を含んだようなポタポタした響きが続いていたので、なんだろうと思っていたら、それが妊娠でした。もしかしたら体重が急に増えたせいかもしれません。でも本人が取るに足らないと思うような微妙なからだの変化が、声の音色を変えていることは確かです。

心の中の状態が音に現れることもあります。なんだか急にキラキラした響きがあるなぁと思っていたら、新しい恋がはじまっていたり。音色がどんよりしているなぁと思うと、オーディションに失敗していたり、彼氏と喧嘩していたり。響きに微妙な揺れを感じてくわしく話を聞いてみると、バイト先で腹の立つことがあって怒りを押し殺していたり…。

また、子どものころの経験が声に表れている場合もあります。しつけが厳しい両親に育てられた人の声の中に、いつも緊張感があり、心と声を解放するのに時間がかかったことがありました。高圧的な父親に対して遠慮するくせが、大人になっても、どこかオドオドした声として残っていたこともありました。

私のところに個人トレーニングに来るのは、芸能界を目指す若い女性が多いので、彼女たちの日々は恋や別れ、挑戦と挫折など、喜怒哀楽に満ちていてドラマチックです。それに応じた声の音色の変化は色とりどりで、まるで推理小説の謎解きのよう。ボイストレーニングは、とても奥が深く、今では人間探求の不思議の森に誘われるライフワークとなっています。

言葉はうそつき、人はうそつき

このような声からの情報を、私はたまたま仕事として聞いているので意識していますが、無意識のレベルでは誰もがやっていることです。

子どものころに、お母さんやお父さんの声の音色から、そのときの機嫌を察したりしませんでしたか。学校で友だちと何気なくかわす挨拶の音色で、「あれ、昨日何かあった」と気遣いをしたり、「大丈夫」と聞いて「大丈夫だよ」という返事のなかに心の揺れのサインを読み取ったり。

人は本音を隠したがる生き物です。顔の表情や態度から察することが多いのですが、私たちは無意識にたくさんのシーンで、声のトーンから相手の心の奥を読み取ろうとしています。また、同じ言葉でも〝言い方〟でまったく意味が異なる場合がたくさんあります。たとえば「はい」と言っても、本当の肯定の「はい」もあれば、嫌々「はい」と言うときもある。まだ迷っているのにとりあえず「はい」と言うこともあれば、心ここにあらずで「はい」と言ってしまう場合もあります。でもその「はい」が、どのような気持ちで言っているのかを、私たちはなんとなく理解しています。

大好きなのに「嫌い」と言ってしまい、本当は行きたくないのに、「行きたい」と言い、そんなに良いと思っていないのに「すてき」と褒め、泣きたいのに「平気」と言い、だれかに助けてもらいたいのに「大丈夫」と、つい口から出てしまうのです。

人間とは、なんと嘘つきな動物なのでしょう！

人は、自分にとって重要な、もっとも深い思いこそ隠そうとします。本当に大好きな人のことをなかなか好きとは言えず、逆に好きだからこそその動揺を、敵意として表現したりするのです。その本当の気持ちに自分自身でさえ気がつかない場合もあります。人間の精神構造は本当に複雑です。ですから人は、建前や照れの奥にある本音がなかなか見えないときに、本能的に相手の声の音色に耳を傾けるのでしょう。

メールやSNSの普及がコミュニケーション力を低下させている

ところがその察する能力にいま、危機が訪れています。

それは、メールやSNSです。

メールの普及でビジネスシーンは飛躍的にテンポが上がりました。送ろうと思えば24時間いつでも相手に用件を送ることができ、しかも即座に相手に届きます。記録が残りますから電話より確実に、しかも誤解が少なくなりました。

しかし、人の気持ちを伝えるツールとしてはどうでしょうか。

メールを手紙と同じだと考える人がいるかもしれませんが、実際はかなり違います。手紙は直筆で書きますので、そこに多少の表情があります。パソコンで打ってプリントアウトで済ます場合も、やり取りに時間がかかるぶんだけていねいになります。宛名と住所を書き、切手を貼って、封をする前にもう一度推敲することもあるでしょう。

メールは会話とまではいかないにしてもテンポが早く、ボタン一つで送信できてしまいます。顔文字やスタンプでフォローすることはあっても、電話のようにニュアンスを表現するには限界があります。ましてＦａｃｅｂｏｏｋやＬＩＮＥのようなＳＮＳは、本当に会話のような速さで交わされていきます。にもかかわらず一度送信すれば、訂正することが難しいのです。

ある人が「好き」という気持ちの裏腹で「嫌い」とメールし、たまたま受け取った人の心が傷つきやすいモードだったら、その「嫌い」がどう影響するでしょう。会話であれば、いくらでも取り返せるかもしれないフォローがないままに、誤解を生み出し話が進んでしまうこともあるのです。

またある人は、愛を込めて「バ～カ！」と絵文字やスタンプをつけずに送ったところ、受け取る人はその遊び心を理解できずに馬鹿にされたと勘違いして、仲違いが起きたり、いじめに発展してしまったり、愛情が恨みに変わってしまうこともないとは言い切れません。

意味のない会話に意味がある

メールやSNSを全否定するつもりはありません。ビジネスシーンや、ゆるぎない信頼関係の中で使われるならば、こんなに便利なものはありません。

しかし、人は本音を隠したがり、にもかかわらず愛し愛されたいと願う生き物である限り、直接的コミュニケーション以上のコミュニケーション方法はありません。

当たり前だとおっしゃるかもしれませんが、ソーシャルメディアがこれだけ普及してくると、ネット上は友だちがたくさんいても、バーチャルにばかり依存して直接的なコミュニケーションから離れがちになり、ふと気がつけば孤立している…ということがあるかもしれないと危惧しています。

人は何に時間を多く割くかよって、育つ能力が変わります。ソーシャルメディアの中で多勢の人と繋がること自体はとてもすてきなことでしょう。利用する価値は充分にあります。しかしそこに時間を割くことで、人として生まれ持った〝表現する力〟や〝察する能力〟を使う機会が減ってしまっては残念です。せっかくの能力を退化させてしまわないかと、心配になります。

それよりは、となりに座った誰かとお天気について会話をし、他愛のない世相を語るあいだに、いつのまにか身につくコミュニケーション力もあります。それによって相手を気遣いあう関係の中に自然と身を置くことにもなります。
昔からおじいちゃんやおばあちゃんたちがそうしていたように、人が人として生きるために進化させてきたコミュニケーションの能力は、奇跡のように素晴らしいものです。どんなに世の中が便利になったとしても、退化させてはいけないと思うのです。

声の中にはたくさんの情報が含まれています。私たちは無意識にその情報を受け取り、対応する力を生まれながらに持っているのです。

第3章

声のトレーニングを始める前に、今できること

伝えるために、知っているだけで役にたつこと

ボイストレーナーをしていると、大きな声をいきなり出そうしたところ、のどが痛くなったり、声がひっくり返ったり、咳込んでしまう、といった悩みを相談されます。声の悩みについては、後半にくわしく書きますが、基本的にはずっと黙っていて急に大声を出そうとしても、なかなか出るものではありません。

断言はできませんが、咳込むのは病気ではないでしょう。大きな声を出し慣れている人であっても、突然大きな声を出すことは声帯に負担がかかります。声帯は筋肉でできています。冷えたからだで突然全速で疾走したら、アスリートでも怪我の原因になるでしょう。それと同じこ

とです。ましてや慣れていない人はなおさらです。

大きな声を出さなければならないときは、**声のウォーミングアップ**が必要です。軽い会話をしたり、ハミングしたりしながら徐々に温め、次第に声を大きく出していってください。

大きな声は出るにこしたことはありませんが、普通の人が声の訓練を始めても、すぐに大きな声が出るようにはなりません。声のトレーニングには時間はかかります。でも、むずかしいことではありません。誰でもやれば必ず出るようになります。

ただ、コミュニケーションのシーンは待ってはくれません。ですから声のトレーニング以前に、まずは人前で話をするときに、知っておくと便利で有効なことについて、いくつかお話ししたいと思います。

伝える極意 ―力を入れるより〝間〟をつくる

大きな声を出すと喉が痛くなったり、咳込んだり、苦しくなる人は、まず大きい声を出さなければ！と思うことをいったん止めてしまいましょう。すると少しだけからだの緊張がゆるんで、逆に声が出しやすくなります。自分の声が小さいと感じている人は、特に意識して、なるべくゆっくり話しましょう。少しゆっくりすぎるなぁと感じても、案外そんなに遅くないものです。

一番良いのは、自分の話している音を録音して聞くことです。自分を客観的に捉えられるようになり、思っている以上に早口だったり、どの言葉をはっきり発音できていないか、などを発見することができます。原因が判れば対処の仕方も見えてきます。人前で話さなくてはならない機会があるときに、ぜひ事前にスマートフォンなどで録音してみましょう。

その際、第1章で述べたように、自分の声が違って感じられたとしても気にせず、録音した声に慣れてしまいましょう。すると自分が話しているときも、人に伝わっている自分の声をイメージしながら、より客観性を持って話ができるようになります。

ゆっくりしゃべる利点は、言葉と言葉のあいだに空間ができることです。人は相手の言葉を聞いて理解するまでに時間がかかります。聞いている人が理解したり、連想したりする余裕（＝間）を持たせることができれば、あなたの話はより相手に届くようになります。これこそが伝える極意の一つです。そしてその〝間〟が、相手の想像する時間にもなります。

大切なのは、相手の想像力に働きかけることです。想像力を働かせると、人は深く心に留めるようになるからです。ただの言葉の羅列は想像力が働かないので、聞いている人を飽きさせて、印象に残らないことになりかねません。

自分が声が小さいと感じている人は、多勢の人に向かって話をするときに、すぐに始めずに、〝間〟を取ってから始めるように心がけましょう。〝間〟を取ることであなたに対する集中が高まり、雑談にかき消されることを軽減できます。始めたときに、ザワザワしていて声が通らないようであれば、静かになるまでグッと堪えて黙って待ちましょう。相手を聞く態勢にします。大きな声で無理矢理おし通すより、ずっと効果的に相手に伝えることができます。

ターゲットを意識しよう

そして、自分が発する言葉が誰に向かっているのかを意識すること。特に緊張しているときは、話すことにいっぱいいっぱいになり、誰に伝えたいのかを忘れてしまうことがあります。話し始める前に、ターゲットが誰なのかをもう一度心の中で確認し、しかしその方向をジッと見るのではなく全体を見回しながら、要点のときにこそ、からだごとターゲットの方へ向けるようにしましょう。相手が苦しくならないようにするのです。

目線については後ほどお話ししますが、伝えたい相手が大勢である場合は、満遍《まんべん》なくゆっくりと見回すこと。もちろん目だけでなく、からだ全体を向けることが大切です。声はからだに響きますので、からだを向けることによって、伝わりやすくなり、なによりあなたの伝えたい気持ちが、からだの向きで相手に伝わります。

顔を上げてキーワードを！　情熱（想い）を伝えよう

自分が興味をもっていない事柄でも、強い情熱をもっている人に出会うことで、次第に引き込まれて興味をもつようになることはたくさんあります。歴史を熱く語る先生に出会って、歴史に興味をもつ子ども。お父さんが夢中になって飛行機のプラモデルを作っていたことで、飛行機の整備士を目指した青年。情熱が人の心を動かすのです。情熱をもった人との出会いが、人生を決定するといっても過言ではありません。

舞台劇や政治家の演説のようにオーバーに語る必要はありませんが、プレゼンテーションの場では、動機や苦労、成果に至る臨場感を淡々と、しかし全身を使って楽しそうに語ってほしいと思います。人は、**相手の感情に共感すると、深く心に留めるようになります。**もっとも伝えたいキーワードは顔を上げ、一番伝えたい相手にからだを向けて、ゆっくりと間を取りながら語りましょう。

語尾は言い切る

日本語の特徴として、語尾まで聞かないと結論がわからないことがよくあります。「この研究は予測どおりの結果でした」と「この研究は予測どおりの結果ではありませんでした」とでは、文字は語尾しか違いがありませんが、意味は正反対です。

私が見学した学生の卒業発表の場でも、語尾がもごもごしていて、肝心の言葉が聞き取れないことがよくありました。配布資料には研究結果は記載されているので、誤解を受けることはないでしょうが、それだったら何のための発表なのだろう、と疑問を感じてしまいました。

語尾が小さくなってしまうのは、自信がないとみなされても仕方がありません。というより、自信のなさが語尾を小さくしているのです。

語尾は言い切りましょう。そして重要なポイントを伝えたあとは、しばしの間を取って、オーディエンスの方へ顔を向けていてください。

時間の制約はありますが、この間が相手に考える時間を与え、より深い理解と想像を促すことになるのです。ポイントは言い切って、**伝えたい相手に目線とからだを向けて間を取る**。これは鉄則です。


たとえ声が小さくても、間をとり、伝えたい相手にからだと目線を向け、話すテンポをゆったりすると、かなり伝わるようになります。そして語尾は言い切ること。

第4章

声はどこで作られる？
～声の基礎知識～

声はどこで作られているのでしょうか？

声を発したいという欲求とその命令は脳ですが、実際の声音は〝声帯〟から発せられます。では、声帯はどこにあるのでしょうか。

喉ぼとけはわかりますか。そのあたりに手を置いてみてください。男性は喉ぼとけが大きいので外から見てもわかりやすいですが、女性は一見ではわかりにくいです。喉の中ほどで、なにかを飲み込んだときにゴクっと動くところ、そこが喉ぼとけです。その喉ぼとけの奥の気道にある弁が〝声帯〟です。

もし、自分の声帯を見てみたいのなら、声の調子の悪いときに、一度耳鼻咽喉科に行ってみてください。今では鼻からファイバースコープを通して、楽に声帯を見ることができるようになりました。ポリープや結節など声帯のトラブルの早期発見にもなります。

声帯は、図のような形をしています。この図は声帯を口の方から肺の方向へ見た状態で描かれています。図の上部が胸側、つまりからだの前面で、下部が背中側になります。

声帯は前面側を支点に扇型に左右両方向に開いたり閉じたりします。声帯が軽く閉じて肺から空気が送られることで振動して、音を生み出します。このときに意識的に声帯を強く閉めると、かえって振動の妨げになり、声が出にくくなったり、声が枯れる原因になります。

この声帯で作られる音はとても小さい音です。弦楽器の弦の振動音が小さく、楽器本体の共鳴部分に振動が伝わり、響くことで美しい音となるように、人の声もからだに共鳴して増幅され、声となるのです。

―声帯周辺を上から見たところ―

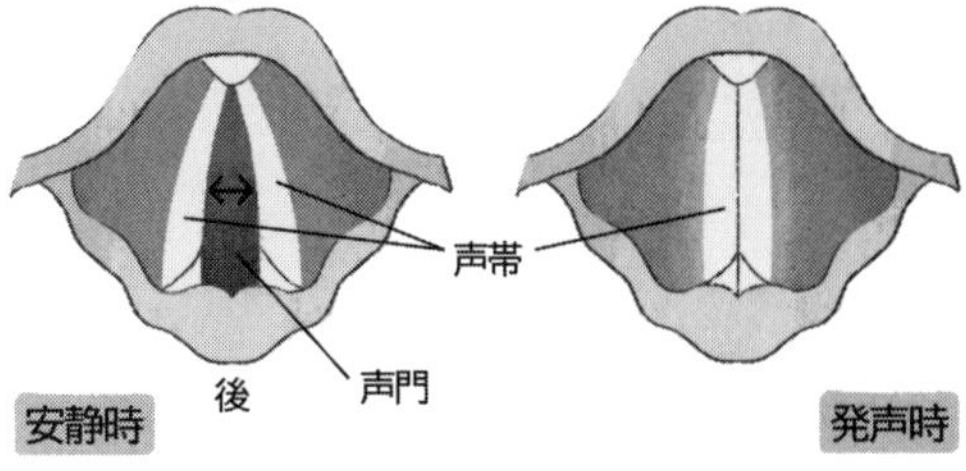

発声の三つの要素――声帯、呼吸、共鳴

ちょっと専門的な話になりますが、声の出る仕組みを整理すると、肺から吐き出された呼気で声帯が振動し、それを頭部やからだに共鳴させて声となります。声帯と呼吸と共鳴の３つの要素が同時に働いています。つまり、

①声帯がより振動しやすい状態を保ち、

②呼気が声帯を思いどおりの音色に振動させるために安定して排出されていて、

③声帯から生み出された振動をより効率よく共鳴させることができれば、

声は思いどおりに操れるようになります。

声帯は鍛えることができない！

あまり知られていないことですが、声帯は声を出すために生まれた器官ではありません。図を見てください。これは、喉頭部の気道を横から描いた図です。声帯の上にはもう一つ弁があります。仮声帯《かせいたい》と呼ばれていますが、音を出すことはありません。人の喉は途中まで一つの管ですが、喉頭部で食道と気道に分かれます。そして、仮声帯と声帯は気道に間違って食べ物が入らないように、誤嚥《ごえん》を防ぐ弁として発達した器官です。

私たちはその弁を笛のように鳴らして、自分の意志や気持ちを表し、他者とコミュニケーションを取る道具の一つとして使うようになったのです。

話を声帯の構造に戻しましょう。声帯は声帯筋という筋肉（声唇）でできていて、表面は粘膜などで覆われ、いつも粘液で濡れた状態を保っています。声唇も振動しますが、実際に音を作るのに重要なのはこの粘膜などの表層部です。筋肉と違って、粘膜は訓練によって鍛えることができません。よく、声を鍛えようとカラオケなどでがむしゃらに歌いまくって声を枯らしてしまう人がいますが、これはボイストレーニング的には感心できません。長時間強く力を加えて声帯を擦ることで粘膜を傷つけるリスクが高くなるからです。

―発声のしくみとかかわるところ―

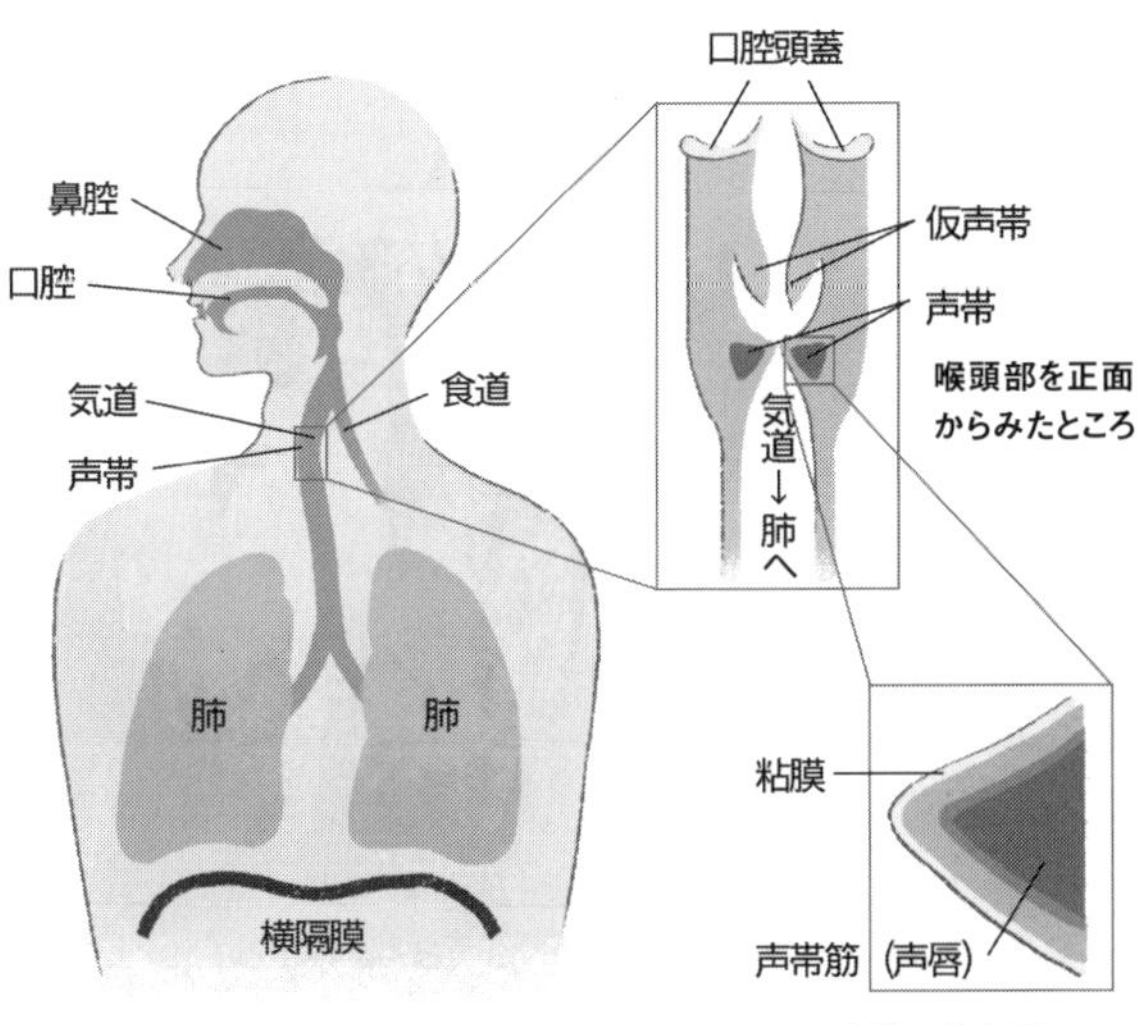

声帯の拡大図

声帯は振動しやすい状態に保つことができれば、あとはなるべく在るがままに健やかな状態を維持して、傷つかないように無理をさせないことが大切です。つまり、ボイストレーニングとは、声帯の筋肉の訓練も含まれるものの、声帯の表層部に負担をかけないことが重要で、そのために**小さな声帯の振動をより大きく共鳴させるための姿勢や周辺筋肉などを鍛える、からだ全体の訓練**なのです。

私たちは無意識に〝声の出し方〟を選択している

私たちは本来、いろいろな声を出すことができます。ものまねをするお笑い芸人を思い浮かべてください。そういう才能に恵まれていて、なおかつ努力して磨いたからこその芸ですが、一般の人でもかなりの種類の音色を出し分けることは可能です。

私たちも〝よそ行き〟の声をだしたり、〝猫なで声〟を作ったり、怒って〝怖そうな声〟を出したり、さまざまなシーンで音色を使い分けています。疲れてだるそうな声やうれしく弾んだ高い声、ムカついたときのちょっと詰まった声、気を許した相手には表情豊かな声で気持ちを表します。

そして悲鳴！　いざというときには劈《つんざ》くように遠くにまで聞こえる声も出せるのです。ほとんど無意識に、気持ちと直結して出しています。

これらを意識的にやろうとすると、途端に使う声の音色や音の幅は狭まり、ある程度決まった声しか出せなくなります。本当ならいろいろな音色の声を出せるのに、意識的にはなかなか自由に声の表情や声域を変えられないのです。どうしてでしょうか。

それは声の出し方を無意識に脳が選んでいて、それ以外の出し方を選ぼうとしないからです。これがボイストレーニングに時間がかかってしまう要因の一つです。

人は子どものころ、親や兄弟や友人、憧れの人など強く影響を受けた相手の声の出し方を真似します。その出し方を脳が標準動作と決めています。

この声の出し方が理にかなっていて、効率の良いものであれば問題はないものの、効率が悪かったり、大きな声や長時間声を出すのに無理がある場合、それを矯正するには訓練が必要となります。

その訓練は、無意識で選んでいる出し方を、少しずつ意識的に矯正していきます。理にかなった出し方をからだが覚えるまで繰り返します。声にお困りで一刻も早く結果を求めるならば、ボイストレーナーのところへぜひ通ってください。

しかしプロフェッショナルを目指すわけではない方が、そこまで時間やお金をかけるのは、とお思いになるのはごもっとも。そんなみなさんが日常生活でできる、自分の声のチェック方法とトレーニング方法を、次の章でくわしくお話しします。

ボイストレーニングは脳のトレーニングです

ところで、実際にボイストレーナーは、無意識的に選んでいる声の出し方をどうやって変えていくのでしょうか。それは、脳の性質を利用します。

脳は〝快楽〟を選びます。実際に快感物質（ホルモン）が分泌されます。たとえば「つらい」よりは「楽しい」ことを選び、「嫌い」よりは「好き」を選びます。

発声はとにかく〝楽〟であることが大切です。なるべく楽で長時間継続可能であることが重要なのです。つまりそれは、脳にとっては快感です。

〝あまり力を使わずに大きな響きを得る＝「楽な発声法」〟を繰り返すことで、快楽を選ぶ無意識野の脳が自然とその出し方を選ぶようになるのです。でも長年のくせになっている出し方が、本人にとって「楽である」と認識しているのですから、新しい出し方が少々楽であったとしても、なかなかそれを認めてくれません。その「楽な声の出し方」を〝楽〟であると脳が認識するまで、繰り返し続けるので時間がかかるのです。

つまりボイストレーニングは、声をからだに共鳴させるための筋肉トレーニングであるとともに、無意識を司る脳に働きかける「脳のトレーニング」の要素が強いのです。

理にかなった発声で声を出すと本当に気持ちが良くなります。私のところにボイストレーニングに来る人も、ある日突然に楽に大きな声が出るようになると、本当にびっくりした顔をして、次にかならず「気持ち良い！」と言います。だからトレーニングが続くのでしょう。声の訓練は続ける習慣さえつければ、つらいことはありません。とにかくやれば誰でも必ず出るようになるし、それ自体がストレス解消になる楽しいことなのです。

理に叶った声の出し方はとても気持ち良く、訓練さえすれば誰でも楽に声が出せるようになります。

Column

地声と裏声について

みなさんは地声と裏声という言葉をご存知ですか。

先ほどから何度も話題に出てくる〝声の音色〟とはまったく別のことです。〝声の音色〟は、声帯が作った振動を共鳴させる場所や共鳴のさせ方で色合いを変える〝音色〟でしたが、ここでは、声帯本体が音を作るときに〝地声〟と〝裏声〟という2つの振動のさせ方があるということをお話しします。

ただし、〝地声〟と〝裏声〟という表現は、学術的に検証され統一されたものではなく、ボイストレーニングや歌の指導の現場で、便宜上区別するために使われている呼び方であり、人によって、カテゴリーや認識も微妙に異なっていますので、その点を留意してご理解ください。

地声とは、ほとんどの人が普段会話などで使っている声の出し方です。なかには裏声を使って会話をしている女性もいますし、男性が女性の声を表現する場合にも裏声がよく使われます。男性と大半の女性は、おもに低域から中域の声は地声を出しています。そして、女性の悲鳴や歌の高音域などに使われる出し方が、裏声と呼ばれるもので、ファルセットと言われることもあります（裏声とファルセットは、音楽のジャンルや指導者によっては一致しない場合があります）。

男性は地声の声域が広いので、歌をほとんど地声で歌いますが、欧米のアフリカ系アーティストの影響で、裏声を使って高音域を出す日本の男性アーティストも増えています（たとえば、平井堅、森山直太朗、ＥＸＩＬＥなど）。

女性は地声の声域が狭いので、地声と裏声を両方使って歌う場合が多く、しかし地声だけで高域まで歌う歌手もいます。ヨーロッパで生まれたオペラのベルカント発声などでは、女性はアルトの一部の低域以外はすべてファルセット（裏声）で歌います。

第5章

響く声を作るために日常生活でできること

この章では声をより響かせるための、実際のトレーニングについてお話しします。声の訓練は声を出さないことには始まりません。ちょっと恥ずかしいと感じるかもしれませんが、そこはどうぞ思い切って！　声を出せる場所には限りがありますが、工夫次第で楽しく続けられます。それに発声のトレーニングといっても、ピアノの前で「ア〜ア〜ア〜」と伴奏に合わせて行う発声練習ではありません。もっと簡単に、誰でもどこでもできる練習方法を提案しますので、日常の生活パターンに取り入れて、自分のペースでトライしてみてください。

まずは、自分の声の状態をチェックしてみましょう。

楽に伸ばすロングトーンで疲れない声をさがそう〈ボイスワーク1〉

まず、「アーーー」と声を長く伸ばしてください。力を抜いて楽に何度か続けて出してみてください。息が切れるまで長く伸ばすことができましたか。目安の長さとして1回で15※1秒〜50秒くらいでしょう。個人差がありますので、最初から長く続かなくても大丈夫です（風邪をひいている人や声にトラブルがあって病院に通っている人などは、治ってからトライしてください）。

そのときに、喉が痛くなった人、咳込みたくなった人、少し出しただけですぐにのどが疲れた人は、声の出し方にくせがあるかもしれません。

そうなる人は力を抜いて音量を下げて、もう一度声を長く伸ばしてください。まずは長く伸ばしても疲れない声量と出し方を探ることからはじめます。ただし、小さい声にしようとして、ささやくような息の混ざった声にならないように気をつけましょう。

息を混ぜるとそのぶん声帯の粘膜が渇きやすくなるので、かえって声が続かなくなることがあるからです。「これなら息が続くだけ声が伸ばせるなぁ、息継ぎをしながら5分くらいつづけても疲れないなぁ」と思う声で、まずは出し慣れることが大切です。

慣れてきたら、できるだけ長く伸ばしましょう。そのときに最初に出した大きさを、息を切るまでキープするのがベストです。だんだんに大きくしたり小さくしたりせず、同じ音量で長く伸ばしてください。歌を歌うのではありませんので、情緒感はいりません。ただ声が揺れないようにまっすぐ出してください。切るまで同じ太さですから、最初はできるだけ軽く出し始めることがポイントです。そして声帯のある喉のあたりを意識するのではなく、息のはき方を安定させることに意識を集中させましょう。

この〝楽に伸ばすロングトーン〟の発声を1日に2〜3分でも良いので、なるべく毎日続けましょう。すると1週間もするとロングトーンが楽に感じてくるはずです。

そして、「ア」だけではなく、「イ」、「ウ」、「エ」、「オ」、それぞれの母音で試してみましょう。あなたは、どの母音が出しやすいですか。

出しやすい母音と出しにくい母音をチェックして、覚えておいてください。どの母音でも楽に声が出せるのが理想ですが、「ウ」が一番楽ならば、「ウ」を中心にロングトーンを練習しましょう。出しやすい母音で慣れたら、次のステップへうつります。

もし、あなたは「ウ」が楽で「ア」だと喉が苦しくなるのなら、次に「ウ」から声を出しながら「ア」へと移行させてみましょう。そのときに「ウ」だと開いていた喉の奥が、「ア」に移行するときに狭まる感覚があれば、喉の奥を「ウ」の状態に近づけて「ア」を発音してくださ

※1　5秒がやっと、または5秒も続かない人は、声帯か肺に問題がある可能性もありますので、耳鼻咽喉科か内科に行って診察を受けることをお勧めします。

い。楽な母音のときの喉の感覚を、苦しくなる母音にもあてはめて、なるべく喉の奥が閉まらないような出し方を工夫するのです。それでも苦しくなるときは、その母音を一度止めて、楽な母音で練習を続けましょう。

ロングトーンの練習はボイストレーニングの基本です。声の出し方にくせや無理のある人はこのロングトーンがつらいと感じることが多いのです。歌やロングトーンは言葉を発するときより長く声帯を振動させますから、そのぶん無理をしていると負担が大きくなります。逆にこのロングトーンで楽に声を出すことができれば、声帯に負担をかけずに声が出せることになるのです。

私たちは会話をするとき、口の周りや口の中、そして喉や鼻の奥の筋肉を無意識に動かしています。発声練習をしているときにそれらの筋肉がどう動いているかを意識するのはとても良いことです。特に鼻の奥や口の奥の空間を広げられると、より響きやすくなります。でも意識しすぎて力を入れすぎてはいけません。**あくまで楽に気持ち良く**声を出すように心がけてください。

ロングトーンの発声時は、同じ高さで何回も練習するのではなく、いろいろと高さを変えて出す方が効果的です。高さを変えることで声帯の負担を軽減し、声域を広げる訓練にもなります。基準はあくまで〝楽〟であること。少しでも苦しくなったり痛くなったら休んで、つぎは力を抜いて音量を下げて続行してください。まずは大きな声を出すという目標をわきに置いて、声を出すのが楽で気持ちの良いものだということを、脳に覚えさせることが大切です。

声のエレベーターで声域を広げよう～いろんな高さの声を出す～〈ボイスワーク2〉

同じ高さでロングトーンをするのに慣れてきたら、今度は声を出しながら音の高さを変えていきましょう。自分の出せる一番低い音から「イ～～～」と伸ばしながら、だんだんエレベーターのように声の高さを上げていくのです。途中で喉が詰まるような感じがしたらストップして、音量を下げてもう一度トライしてください。このときも楽に出せる状態を探しながらやってください。まずは楽な母音から、慣れてきたら母音を変えてやってみましょう。

下から上へを何度かやってみたら、今度は自分の出せる高音から降りてきましょう。ファルセット（裏声）から始められる人は、途中で地声に返して（チェンジして）続けることができるか挑戦してください。裏声と地声のチェンジがうまくできない人は、あまり気にせず、地声で低音域→高音域と、できる範囲でやってみましょう。次第に裏声もつなげて出せるようになれば低（地声）→高（裏声）、高（裏声）→低（地声）と、声のエレベーターを上下することを2～3分繰り返してください。

声は高い音ほど頭部に、中音域から低音域は胸部そして腹部にも振動します。声が出し慣れてきたら、からだのどこに響くかを意識してみましょう。楽に響くところをさがしてください。

発声練習は慣れることでだんだんと器用になっていきます。自然とできることが増えていきますので、あせらずゆっくり毎日続けてください。もしあなたが1か月続けることができたら、少し声が出やすくなったと実感するでしょう。もし3か月続けることができたら、声域が少し広がってしゃべり方に変化をつけられるようになったり、歌うことが楽になっているはずです。

プチ発声を日課にしてしまおう

訓練は続けることが大切ですが、毎日続けるのはむずかしいものです。声を出せる場所が簡単に見つからないという問題もあります。でもこのロングトーンの練習はしゃべる声以上に大声の必要はありませんので、許される場所で恥ずかしがらずに、一歩踏み出すつもりでやってください。楽に気持ちよく出すということを念頭に、よく響く場所でやるのもお薦めです。風呂場、台所、庭、公園、河原、特にトンネルの中や樹々の多い場所は残響があるので最高の練習場所です！

けれど、いくらやる気になっても忙しい日々に、つい忘れがちなります。ですから、お風呂に入ったとき、お茶碗を洗っているとき、通勤時の駅までの決まった場所を歩いているとき、犬の散歩のとき、など一日の習慣にくっつけてルーティンワーク（日課）にしてはどうでしょう。条件反射になって、その日課をするといつの間にか「イ〜〜〜！」と一緒に声が出ている、となればしめたものです。

ただ朝起き抜けや、ずっと黙っていた後に急に声を出すときなどは、声帯がまだ温まっていないので、いきなりロングトーンからではなく、軽い会話やハミング、短く鼻歌を「♪フンフン♪」と歌うなど、少し声を立ち上げてからロングトーンに入りましょう。

お腹の底から「ホゥ! ホゥ! ホゥ!」〈ボイスワーク3〉

次は少し大きな声を出してみましょう。裏声（ファルセット）をつかいます。急に始めるのではなく、軽く鼻歌やハミングで声を温めてからやってください。

裏声で「ホゥ!」と遠くに向って出してみましょう。オオカミの遠吠えのように遠くに向かって「ホ〜ゥ!」と少し高めの音から低めの音へすべるように出します。ロックコンサートなどで、盛り上がった観客がステージにむかってエールを送る〝あの〟「ホ〜ゥ!」です。誰にでもできて楽に遠くまで通る声質なので、離れたアーティストにむかって思いを届けるにはもってこいの出し方です。

裏声は息をたくさん使いますので、そのぶん〝腹式呼吸〟が必要になります。腹式呼吸については、次の章でくわしくお話ししますが、ハッ!とへその下あたりに力を集中させて、遠くに届くように思い切って出しましょう。恥ずかしがってはいけません。うまく声を響かせることができれば声量アップのきっかけになります。ファルセットで腹から声を出しているだけなら、声帯を痛めることが少ないのも利点です。ただこのときも喉が痛くなったり、咳こんだり、すぐ疲れるようでしたら休憩して、焦らずに小さめの音量からやっていきましょう。

うまくいくと、自分でもびっくりするくらい大きな音が出ます。とても気持ちが良いのでくせになってしまいます。ただし、場所や時間帯によっては迷惑になりますので、その点は気をつけて練習してください。

鼻歌を歌おう！

あなたは、鼻歌を歌いますか、と聞いても、自分が鼻歌を歌っていることを自覚している人がどのくらいいるのかはわかりませんが、鼻歌って、なんとなく心がウキウキしているときに、いつのまにか歌っています。つまり心が解放されているときに自然と湧いてくるのが鼻歌。だから良いのです。

からだもリラックスしていてよく響きます。鼻歌をよく歌う人は、必然的に声の出し方が良くなる！　**鼻歌はすぐれた発声法**でもあるのです。

問題は、鼻歌が無意識に出てくる、というところ。自分は歌をあまり歌わないなぁという人は、まず意識的に鼻歌を歌うことです。家で掃除をしながら、片付けをしながら、料理をしながら、お風呂に入りながら、大好きな歌をどんどん鼻歌で歌ってください。歌詞はちゃんと覚えていなくてもいいんです。適当に替え歌にして歌ってください。歌詞が出てこなかったら、適当なメロディーをハミングしてもいいですね。音程が外れていても気にする必要はありません。だって鼻歌なんですから。

そして小さな声でも鼻歌は、鼻に、顔によく響きます。もしかしたら、胸やお腹にも響いているかもしれません。響くとからだが気持ち良くなって、楽しくなってきたら最高です！　最初は歌う気分ではなくても、鼻歌を歌っているうちに、本当に楽しくなってくることがよくあります。

鼻歌がくせになったらこっちのもの。声の訓練とリラックス。「最近明るくなったね！」なんて言われたりするかもしれません。とにかく一挙両得です！

でも、癖になったら会議中、授業中は気をつけて。私は授業中に鼻歌を歌って、よく廊下に立たされていました。

自分の音域（声域）に合わせて歌おう

自分は歌うのが大好き！という方は、楽しんでどんどん歌いつづけてください。あまり歌わない人も、無理にとは言いませんが、上手下手はあまり気にせず、トレーニングと思って歌ってみてはいかがでしょう。なにを歌っても良いのです。子どものころに好きだった歌でも、ご両親が昔に鼻歌で歌っていた歌でもなんでも良いのです。とりあえず鼻歌から、そして気が向いたら本気で歌を楽しんでください。

そのときも、急に大きな声を出すことは避け、喉が痛くなりそうになったら音量を下げ、カラオケでは、ぜひ自分の声域にあったキー（調＝高さ）で歌ってください。高い声を出したいという要望をよく耳にしますが、急に自分の声域に合っていない高い音域でたくさん歌うと、かえって声を痛めることにもなりかねません。声域は生まれつきのものです。訓練で広げることはできますが、時間をかけて徐々にやらないと声のトラブルを引き起こしますので、自分に合った音域で歌うようにしましょう。

無理のない出し方で、定期的に歌い続けて1年くらい経つと、驚くほど声が出るようになります。大きな声を出そうとがんばらなくても、相手によく伝わるようになるでしょう。

良く響く声をつくるには、楽に気持ち良く伸ばすロングトーンの練習が基本です。自分なりの日常生活のルーティンワークにして習慣化してしまいしましょう。

第6章

腹式呼吸って本当はなに？

胸式呼吸と腹式呼吸＝お腹に空気が入るわけではありません

腹式呼吸はその名前のために誤解を受けやすいようです。私のところへトレーニングにくる若い人の中にも、お腹を膨らませて声を出そうとしている人をよく見かけます。〝腹式〟という名前のイメージ通りに、お腹に息を入れようとしているかのようです。しかし、腹式呼吸はお腹に空気を入れるのではありません。空気は肺に入ります。

では胸式呼吸と腹式呼吸とは、いったいなにが違うのでしょう。

呼吸は肺で行いますが、肺自体は動かないので主に胸郭《きょうかく》を広げる肋間筋《ろっかんきん》と横隔膜《おうかくまく》を使って動かします。胸式呼吸とは肋間筋の動きに重きをおいた呼吸法で、一気に酸素を取り込める利点があります。しかし胸や肩に力が入りやすい呼吸でもあります。

それに対して腹式呼吸は、横隔膜の動きに重きをおいた呼吸で、肩や胸に力が入りにくく、ゆったりと酸素を取り込むので、からだ全体をリラックスさせる呼吸法でもあります。訓練することで、呼気と吸気が安定してコントロールしやすくなるのも特徴です。

どちらの呼吸法にしても、肋間筋だけ使うとか、横隔膜だけ使うというものではなく、この二つの筋肉を軸に必要に応じてさまざまな呼吸筋が補助して行われます。そのバランスで、胸（肋間筋）を意識している呼吸が胸式、腹（横隔膜）に意識をおいている呼吸を腹式と分類しています。

声を安定的に出すには腹式呼吸が大切です。ここでは、私の考える腹式呼吸についてお話しします。

―横隔膜の動きと息の流れ―

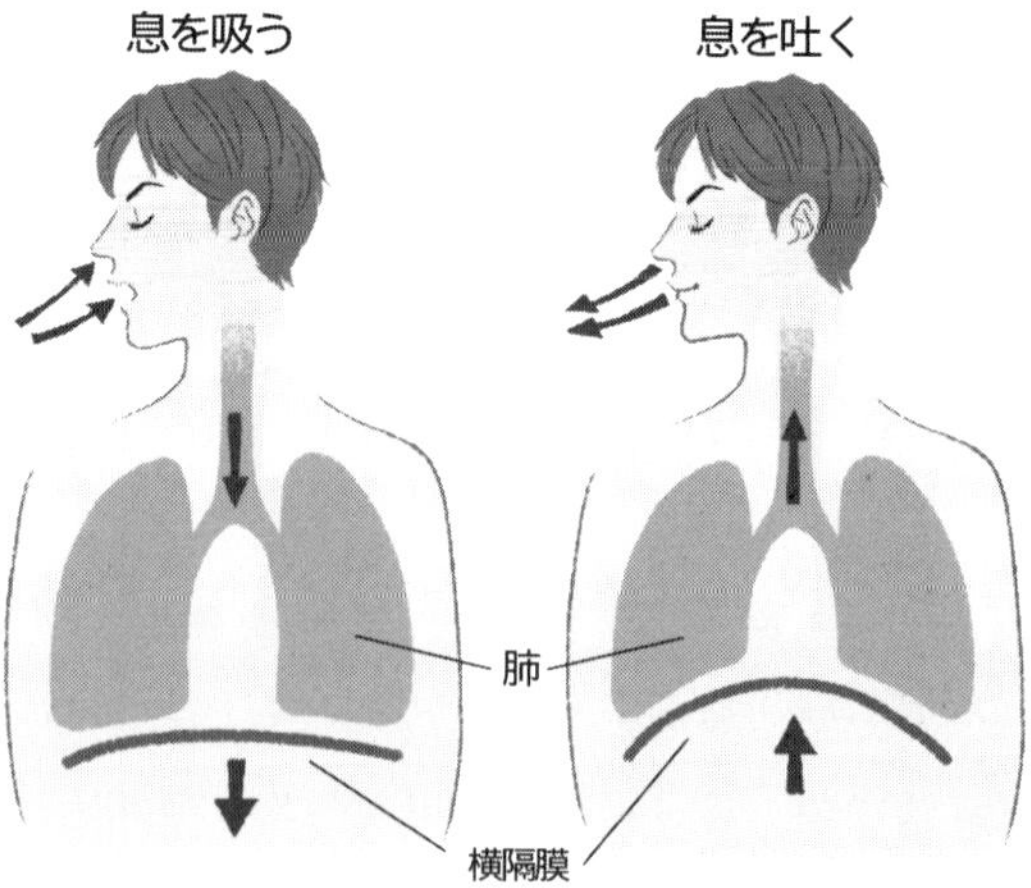

誰でもやっている腹式呼吸

横隔膜は、心臓や肺のある胸腔《きょうくう》と胃や腸などのある腹腔《ふくこう》を隔てる筋肉のことです。上体を起こしているとき、横隔膜は右図のように少し山型に張っていて、吸うときに下に押し下げる（収縮する）と圧力で肺に空気が入るようになっています。逆に力を抜く（弛緩する）と息はある程度外に出ます。また肋間筋で胸郭を広げることで空気が入り、緩めることで空気が外へ排出されます。おおまかに言えば、胸式呼吸の場合、肋間筋と横隔膜を使って、ある程度呼吸ができる仕組みになっています。

では、腹式呼吸はどういう呼吸でしょうか。

その説明をする前に、だれでも腹式呼吸をしているときがあります。それはからだを横にしているときです。特に深く眠っているときは、自動制御装置のように安定的に腹式で呼吸しています。

横隔膜は肺の下にあって、身体を起こしたときは地面に対して平行な位置にあるので、横隔膜が伸縮することで上下に動き、肺に空気が入ります。しかしからだを横にすると、肋間筋が使いづらくなり、横隔膜だけで呼吸を安定させるには充分ではなくなります。それを助けるのが胴体内にあるさまざまな筋肉です。特にインナーマッスルと呼ばれる下腹部周辺の筋肉が補助的に動き始めます。

つまり腹式呼吸とは、胴体の中のインナーマッスルが総合的に横隔膜を補助し、安定した呼気と吸気を促す呼吸法のことなのです。

寝ているときは必然的に働くインナーマッスルですが、からだを起こしているときには、よほどのことがない限り、なかなか働いてくれません。

ところがひとたび緊急に、たとえば悲鳴や大きな声を出す必然があったり、風船を膨らませるなどの大量に息を吐く必要に迫られると、インナーマッスルがやおら働き始めます。ロウソクの火を吹き消すときも同様です。吐く息にパワーを集中させる必要があったり、安定的に長く息を吐かなければならないとき、またはなんらかの理由で肋間筋の機能が弱まるときに働くのが腹式呼吸だと私は考えています。

ですから、**腹式呼吸のトレーニングには横隔膜だけではなく、呼吸と連動したインナーマッスルの訓練も必要**です。

腹式で深呼吸をすると、手足の指先まで酸素が行き届いたようにジーンとした心地よい〝しびれ〟を感じるときがあります。そしてこの呼吸をすると集中力が高まり、心が落ち着いて少し不安から解放される気がします。なるほどヨガや座禅などの精神修養に腹式呼吸が大切だというのも納得できます。

まず長く息を吐くことから〈腹式呼吸のワーク1〉

それでは、腹式呼吸を実際にやってみましょう。

まずはからだを横にして仰向けになってみましょう。そして心を落ち着けて、静かに呼吸をしてください。腰がキツいと感じる人は、ひざを折ってもかまいません。

下腹部の背中側＝腰のあたりに意識を集中してみてください。そのあたりに息が入っているような、下腹部の筋肉が呼吸のために働いている感覚がありますか。それが腹式呼吸をしている状態です。

そのからだの状態をよく覚えておいてください。

では、ゆっくりからだを起こしてください。声を効率よく出すために、からだを起こした状態で腹式呼吸が使えるようになっていることが大切です。

今度はからだを起こした状態で、大きく息を吸って、ゆっくり少しずつ吐いていきます。少しずつ同じ息の量で安定的に吐くように努力してください。「スーーーー」っと、息を吐く音

―横になって腹式呼吸を意識してみる―

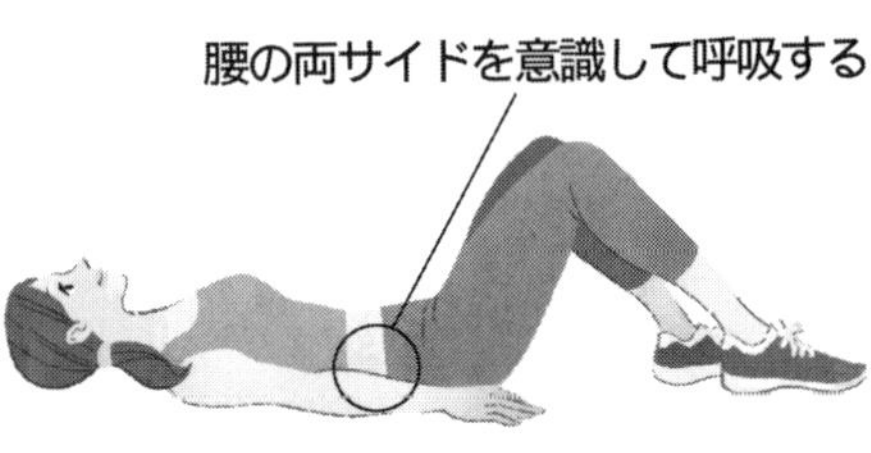

を立てると、吐く息の量を感じることができます。そのときに、おへその下5センチメートルくらいにある身体の中心（＝丹田）[※1]を意識しながら息を吐いていきましょう。そしてもう吐き切って苦しいなと感じたら、すぐに息を吸わずに、もう2～3秒だけそのあたりで絞るように息を吐き切ってください。力の入れ過ぎは禁物です。咳込みそうになったら、中止して呼吸を整えてからやり直しましょう。吐き切るのがむずかしいようだったら、丹田に意識を集中させて1～2秒待つだけでも良いでしょう。

そしてすぐに息を吸おうとせず、絞るように使っていたお腹の力を一気にゆるめてください。もちろんそのあとは足りない空気をゆっくり吸ってかまいません。その力を抜いた一瞬に、さきほど身体を横にしたときと同じところ、下腹部から腰まわりあたりに息が入ったような気持ちになったら、腹式で呼吸できたと思ってください。これを何回か繰り返します。1回1回休みを入れて、必ず呼吸を整えてからトライしましょう。

どうですか。爽快な気持ちになりませんか。

これが〝腹式の深呼吸〟のやり方です。この深呼吸は、できるようになると緊張したときにも有効ですので、ぜひマ

―丹田の位置―

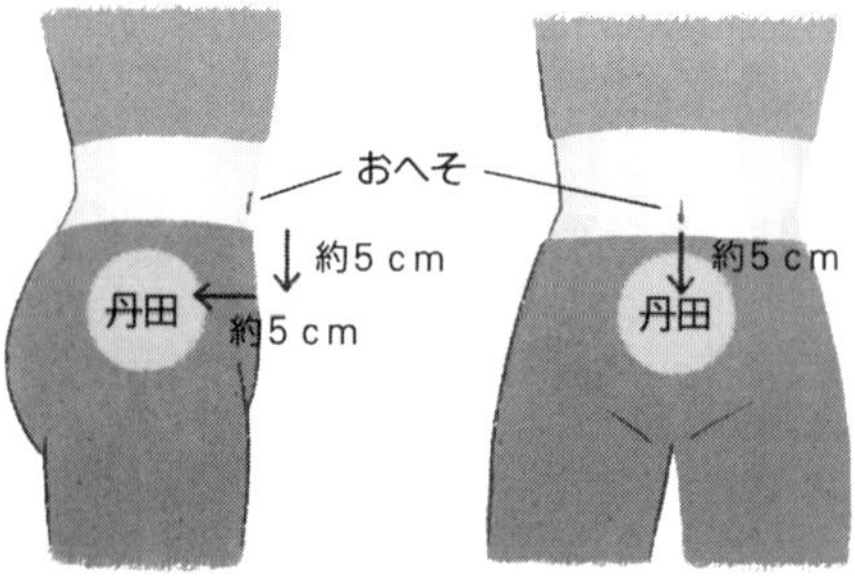

スターしてください。はじめはなかなかできなくても、がっかりする必要はありません。よくわからなかったら、からだを横にして同じことをやってみましょう。また立ったまま腰に手を置いたり壁につかまったりして、上半身だけ横に倒してやってみるのも良いでしょう。続けていると、腹式呼吸が次第にわかってきます。

—上半身を横に倒して呼吸する—

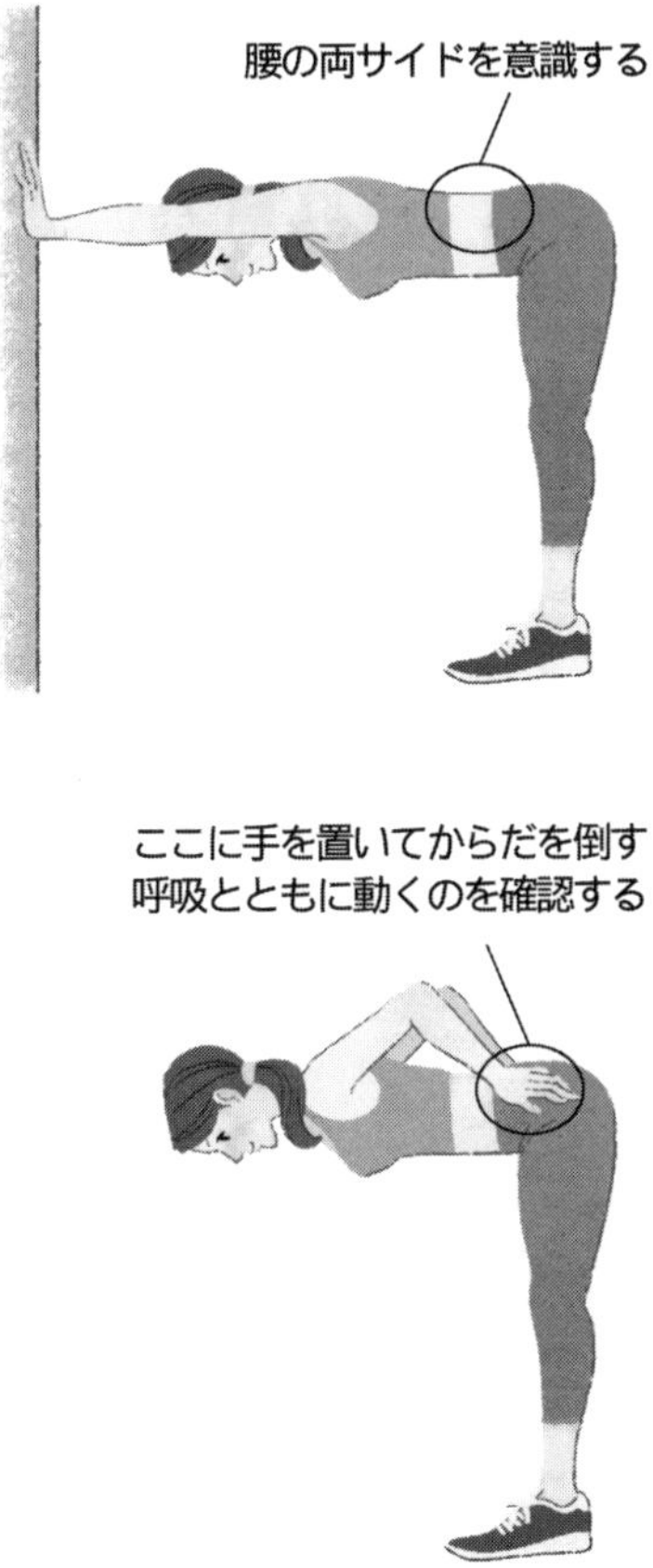

腰の両サイドを意識する
ここに手を置いてからだを倒す
呼吸とともに動くのを確認する

※1　丹田…座禅や武道において、へその少し下のところの下腹部の内部にあり、気力が集まるとされる場所。

腹式呼吸で発声練習をしてみよう〈腹式呼吸のワーク2〉

さて、呼吸だけできても声につながらなければ意味がありません。息を声（ロングトーン）に変えてやってみましょう。

自分の一番楽に出せる母音を選んで、丹田に意識を集中させて「ア～」「ウ～」と長く伸ばし、この深呼吸のときと同じように声を出し切ってください。このときに5章の〈ボイスワーク1〉と同様に、なるべく声を切るときまで同じ音量、同じ音色で出すように心がけてください。それができたら母音や音の高さも変えてやってみましょう。

注意すべきは、丹田や呼吸に意識を集中させるだけで、あまりお腹から声を出そうと思わないことです。余計なところに力が入ってしまうことがあるからです。インナーマッスルは意識して動かすことのむずかしい筋肉です。それよりも呼吸に集中しながら、長く楽に同じ音色で響かせられるような出し方をさがしてください。

次に、5章でやったように、ファルセット（裏声）で「ホゥ！ホゥ！ホゥ！」と叫んでみましょう。このときも力を入れるのではなく、遠くに届くように声を出します。

声量は力の強さではなく、息の量でもなく、息の瞬発力と深い関係があります。この瞬発力を生み出すのも腹式呼吸で使われるインナーマッスルです。

たとえば、風船を膨らませようとするときに、一瞬「ハッ！」と下腹部に力が入りますよね。

その力が声量を上げるためには必要になります。ただ声を出すときに力を入れると、声帯に力が入りやすくなるので、楽に遠くに声を飛ばすように「ホ〜ゥ！」と出してください。

ファルセットで要領がつかめてきたら、今度は「ホ〜ゥ！」を地声でやってみましょう。同じようにできますか。地声の方が遠くへ飛ばすのはむずかしいと感じるかもしれませんが、あまり気にせず裏声と地声を交互に出してみましょう。地声は声帯に力が入りやすいので、丹田に意識を集中して、喉は楽にしておくことが大切です。少しでも喉が痛かったり咳込みそうになったら、音量を下げて楽なところから練習してください。

腹式呼吸とは、下腹部周辺のインナーマッスルが横隔膜を補助して呼吸を安定させる呼吸法です。
腹式でする深呼吸は集中力を高め、全身をリラックスさせる効果があります。

Column からだにうれしい腹式の深呼吸（眠れぬ夜に効果あり）

腹式呼吸の練習も習慣づけなければ、いざというときに使えるようにはなりません。

この呼吸法にはうれしい副効果がたくさんあるので、様々な折に行って、ぜひ習慣にしてください。

たとえば就寝してもなかなか寝つけないときに、この呼吸法を2～3回やってみてください。交感神経が副交感神経に入れ替わりやすくなり、からだの緊張がほぐれて眠りにつきやすくなります。ついため息が出てしまうくらいに疲れているときにこの呼吸法をすると、疲れがほぐれて前向きな気持ちになれます。

お風呂に入ったときによく「は～」と長く声が出たりします。それをこの呼吸法を意識して「ふ～」っと長く深く息を吐くように習慣づけるのも良いでしょう。効果が実感できれば使う頻度も増えて、より上達することができます。

また、緊張する場面でこの呼吸をすると、緊張が少しほぐれて集中力が高まります。その場合は、すごくコンパクトに行います。私も本番直前には必ずこの腹式の深呼吸をしてからステージに上がります。

第7章

気持ちは子音に入ります
～言葉と滑舌1～

さて、声の話をしてきましたが、ここから滑舌についてお話しましょう。
そこで質問です。母音と子音の違いがわかりますか。

母音と子音とは?

日本語においての母音は「A」「I」「U」「E」「O」で、子音は「K」「S」「T」「N」「H」「M」「Y」「R」「W」です。方言によって多少かわりますが、現代の日本の標準語ではこんなところでしょうか。「風」をローマ字で表記すると「KAZE」ですね。子音は「KとZ」。子音を抜いて母音だけでしゃべれば「AE＝アエ」となります。

私たちは、言葉を理解するときに母音や子音を意識しているわけではありませんが、脳ではそれらの音を瞬時に聞き分けたり使い分けたりしています。

気持ちが入ると長くなる子音

ところで、言葉に気持ちが入るとき、母音と子音のどちらに入るでしょう。

「すごい」（SUGOI）という言葉を気持ちを込めて言ってみてください。母音と子音のどちらに気持ちが入りますか。

そうです！子音です。特に単語の最初の子音に気持ちが入ります。人は伝えたい気持ちを、その言葉の最初の子音に込めて話すのです。どの国の言語であっても、人は気持ちを子音に込めて話します。しかも伝えたい気持ちが強くなればなるほど、子音は長くなります。強くなるのではなく長くなるのです。

あらためて「すごい＝SUGOI」のSを長く言ってみましょう。アクセントをつけるのではなく、Sだけを長く話してください。気持ちが入りやすくなりませんか。

これにはちゃんとした理由があります。長くすることによって、相手に理解する時間を作っているのです。人の脳は、子音から相手が発しようと思っている単語をある程度予測しています。つまり子音を長くすることで（この場合「S」から始まる言葉だとわかることで）どんな単語が来るのかを相手が予想しやすくなるのです。

逆に子音がはっきりしないと選択肢が極端に増えて予想しづらくなりますから、興味を削がれがちになります。子音を長く発音することは人間の脳の摂理に深く関係があり、人はそれを無意識にうまく使いこなしているのです。

滑舌を良くするには確実に子音を発音することが大切です。特に伝えたい単語の最初の子音が重要です。ポイントは〝強く〟ではなく、〝長く〟発音することです。

〈滑舌のワーク1〉

練習してみましょう。レストランの入り口を想像してください。

「何人様ですか？」と聞かれたときに「3人です」と答える場面です。まず普通に「3人です」と言ってみてください。次に「3人の『3＝SAN』のSを長く言ってみましょう。そのときにSに気持ちを込めてください。これは一人で練習するより複数の人とやった方が効果的です。なぜならば自分が発音しているときより、人の発音を客観的に聞いているときの方が状況を理解しやすいからです。

「5（G）人です」「あと、ふ（F）たりが、後からきます」。お互いに状況を変えてさまざまな質問と答えを言ってみましょう。遊び感覚で楽しくやってみてください。大きな声を出そうとするより、まず子音を長く、気持ちを入れて言うのです。どうですか。ずいぶん伝わり方が変わるでしょう！

もう一つやってみましょう。「好き！」（ＳＵＫＩ）のＳを長く言ってみてください。

強くではありませんよ。気持ちを込めてＳの摩擦音だけを長くして、その後にＵを発音するのです。「Ｓ――ＵＫＩ」と発音してください。気持ちが入る感じがするでしょう。

そのＳの摩擦音の中にさまざまな感情を込めるのです。大切な人に言うときの「好き！」、ただ社交辞令の「好き」、照れてぶっきらぼうになって言う「好き」、などいろいろためしてみてください。

このことを理解した上で滑舌の練習をしましょう。

いらっしゃいませ！何名様ですか？
S… S～ すあんにんす！

―ファミレスで―

人の会話の〝子音〟に耳を傾けてみよう

これからは、人の会話に耳を傾けてみましょう。それもまったく知らない人たちの会話に。知り合いの会話には参加しなければならないので意味を理解することに意識を取られます。でも知らない人の会話を何気なく聞くだけだと、あくまでも客観的でいられます。

たとえば電車の中でのカップルの会話、親子の会話、女子高生の何気ない会話などを、話の内容ではなく〝子音〟に意識をして聞いてみましょう。会話している人をジロジロと見すぎないように気をつけてくださいね。最初は聞き分けるのがむずかしいかもしれませんが、意識しつづけて聞いていると、感情が高まってきたりその人の好き嫌いにかかわる単語ほど子音が長くなっているのに気づくはずです。特に子どもの言葉は顕著です。右のワークでやった「すき！」の「S」「だ〜い好き！」の「D」。そして「いや！」の「Y」など感情が伴う言葉には、色合い豊かな〝子音〟の中に、その子どもの本音が見え隠れして、思わず会話に引き込まれてしまいます。

コントロールのむずかしい早口は録音がカギ

講義で「相手に自分の言葉がうまく伝わらないときの原因は？」と、質問すると、必ず返ってくる答えは「声が小さい」「滑舌が悪い」そして「早口」の3つです。

早口は、自分が早口で話している意識はありません。また、早口な人の言葉が必ずしも聞きとりにくいとも限りません。緊張して速くなったり、間がとれなくて早口になるなど、〝コントロールできない早口〟が問題なのです。

私も歌手を始めたばかりのころは、コンサートのMC（曲と曲の間での演奏者のおしゃべり）が本当に早口になって困りました。日頃はどちらかというとのんびり話す方ですが、緊張して少し追いつめられると、息せき切って話してしまうのです。わかってはいても苦手意識も相まって、なかなか自分をコントロールすることができませんでした。

私は自分のステージをよく録画、録音しています。後で検証するためですが、歌手を始めたころは自分の歌は聞いてもMCを聞くのが嫌でした。ついついMCの部分を飛ばして、歌だけを聞いていたのです。でもあまりにMCが下手なため、スタッフやバンドのメンバーからダメ出しばかりされていて、さすがにこのままではまずいと思って、覚悟を決めてMCを聞くようになりました。

最初は落ち込んでばかりいたのですが、良かったのは自分の早口を自覚できたことでした。そして、自分の言い回しのくせや、助詞がいい加減になっていることにも気づくことができました。すぐには直せませんでしたが、次第にステージ上で〈私は早口になっているな〉とか、〈今、自分のくせが出てしまった！〉などと、まさに話をしている最中に気づく瞬間があるようになりました。

早口やくせを直すのに技術はありません。自分を客観的にとらえるようになることが大事です。プレゼンテーションなど人前に立つ機会のある人は、ぜひ、誰かに観客になってもらって、緊張状態の中で発表し、それを録音（録画）してみることをお薦めします。

そして、落ち込むのはあとにして、他人を見るような客観的視点でその録画や録音を聴いてください。早口だけでなく、さまざまなくせにも気づくはずです。そのときに反省点ばかり探さずに、良いところも探すようにすると、気持ちも楽になり上達が早くなります。そして気づいたことは必ず、良いことも悪い点も、メモに残しましょう。繰り返すうちに、人前に立つことがあまりおそろしいことではなくなります。

相手にわかりやすく伝える方法は必ず見つかります。私の場合もこれを繰り返すことで、少しずつ〝伝える〟ための組み立て方がわかるようになりました。

物語を声に出して読んでみよう

気がついてみると、さっきから、ごとごとごとごと、ジョバンニの乗っている小さな列車が走りつづけていたのでした。ほんとうにジョバンニは、夜の軽便鉄道《けいべんてつどう》の、小さな黄いろの電燈のならんだ車室に、窓から外を見ながらすわっていたのです。車室の中は、青い天鵞絨《びろーど》を張った腰掛けが、まるでがらあきで、向こうの鼠《ねずみ》いろのワニスを塗った壁には、真鍮《しんちゅう》の大きなぼたんが二つ光っているのでした。
すぐ前の席に、ぬれたようにまっ黒な上着を着た、せいの高い子供が、窓から頭を出して外を見ているのに気がつきました。そしてそのこどもの肩のあたりが、どうも見たことのあるような気がして、そう思うと、もうどうしても誰だかわかりたくて、たまらなくなりました。いきなりこっちも窓から顔を出そうとしたとき、にわかにその子供が頭を引っ込めて、こっちを見ました。
それはカムパネルラだったのです。（ルビは引用者）
（宮沢賢治著『銀河鉄道の夜』）

〈朗読のワーク〉
それでは、実際に朗読してみましょう。ただ読むのではなく、相手に伝えるために読むことを目的にして、棒読みにならないための訓練です。

①右の物語を、声に出して読んでください。初見でスラスラ読めることを目的にしているのではありません。最初から表情をつけようと焦らず、意味を理解しながら、はじめは棒読みでもかまわないので、何度も繰り返して声に出して読んでください。言いづらい部分は印をつ

けて抜き出して、引っかからなくなるまで練習してください。

長い文章やわかりにくいところでは、文節のどこで切るとわかりやすいか、話しやすいかを考えて、斜線などを入れると良いでしょう。印は鉛筆のように後で消せるものを使ってください。読んでいるうちに印の場所を変えたくなったり、消したくなることがあるからです。次第に文章の意味や内容がイメージできて、スラスラ読めるようになったら、次に進みます。

②次に、文章ごとに最初の単語の音の高さを変えて読んでみてください。「。」の後の単語の頭の音の高さを毎回変えるのです。すると、棒読みとはちがうメリハリのある読み方になってくるでしょう。

どの部分をどの音の高さで読むとしっくりくるかを感じながら、何度か高さを変えながら読んでみます。繰り返して読んでいると、読み方で印象が違ったものになることに気づきます。たとえば〈ほんとうにジョバンニは、夜の軽便鉄道の、小さな黄いろの電燈のならんだ車室に、窓から外を見ながらすわっていたのです。〉のところの読み方のニュアンスをいくつかに変えて読むことはできますか。出だしの音を高くして読むのと、低く静かに読むのとでは物語の雰囲気が変わります。また冒頭の〈ごとごとごとごと〉の読み方も工夫できそうですね。原文に書かれていないその場の状況を相手に想像させることができます。そうやっていろいろな表現の可能性を見いだすのも、朗読の楽しみです。

③そしていくつかの「。」や「、」の場所にチェックを入れて、そこに〝間〟を入れてみましょ

う。あなたはどこに〝間〟を入れますか。それはどんな〝間〟でしょう。物語の情景を想像しながら、〝間〟のイメージを書き込んでみましょう。〝間〟を入れることで物語に立体感が生まれてきませんか。逆にたたみ込むように読んだ方が良いと思われるところには、波線などを入れてみるのも良いでしょう。

④そして最後に、この物語を小学校低学年の子どもにも情景がわかるよう、ゆったり物語ってみてください。

題材はなんでも良いでしょう。新聞のコラムでも、家にある絵本でも、週刊誌の記事でもかまいません。ある一部分を、繰り返し音読して、上記のように、①から④までの段階を踏んで、音の高さを変えたり間を入れたりしてください。特に強調したい単語や文章はどこなのか。それをどう伝えると相手が理解しやすいかを考えて、自分らしい演出を試みてください。さらにその文章を幼い子どもや耳の遠いお年寄りにも理解できるように読んでみましょう。

これはトレーニングです。これらを繰り返すことで、次第に伝える力がついてきます。そして滑舌の上達も期待できます。また、より相手に伝わるように工夫する習慣をつけることで、演出力も磨かれていきます。演出力を訓練しておくことは、プレゼンテーションをはじめ、人生の大勝負のときに、あなたに大きな力を与えてくれるでしょう。

人に聞いてもらおう

声に出して朗読するのはとても大切なことですが、ひとりで練習していても、それが相手に伝わるかは未知数です。自分が話した言葉が、ちゃんと相手に伝わっているのかを肌で感じるために、だれかに聞いてもらいましょう。滑舌が苦手だと思っている人は、緊張する場面で話をすることに慣れるのが肝心です。

特に、子どもへの読み聞かせはとても勉強になります。相手は失敗しても気にしませんし、正直な感想をつたえてくれます。

『失敗は宝の山』です。失敗しないことよりも、失敗で得たものの方がよりあなたの表現力を強くします。「失敗をラッキー!」と受け止める心持ちになったとき、朗読の力以上にコミュニケーション力をアップさせているに違いありません。

伝えたい言葉の子音を長くすることで、相手は理解しやすくなります。自分の話しを録音して客観的に自分を知り、人前で話す経験を増やすことで、伝え方は上達します。

第8章

必ず滑舌が良くなる！『外郎売り』のすごい効果 ～言葉と滑舌2～

それでは本格的に滑舌の練習をしてみましょう。よく演劇部の人や放送部の人が大きな声で言っている「あ、え、い、う、え、お、あ、お」や「あめんぼあかいな、あいうえお」などの滑舌の発声練習をやるのも悪くはありませんが、私がぜひお薦めしたいのが『外郎《ういろう》売り』です。

『外郎売り』の冒頭を読んでみよう

拙者親方《せっしゃおやかた》と申すは、御立会《おたちあい》の中《うち》に御存知《ごぞんじ》のお方もござりませう《しょう》が、お江戸を立って二十里上《にじゅうりかみ》方《がた》、相州小田原一色町《そうしゅうおだわらいっしきまち》をお過ぎなされて、青物町《あおものちょう》を登りへおいでなさるれば、欄干橋虎屋藤《らんかんばしとらやとう》右衛門《えもん》、只今《ただいま》は剃髪《ていはつ》いたして、圓斎《えんさい》と名乗りまする。

これは、冒頭の部分です。どうでしょう。日頃から古典によく触れている人は楽勝かもしれませんが、漢字が読みづらいし、まして意味がわからない。スラスラと読めるまでには時間がかかりそうですね。でも語呂が良くて、スラスラ読めたら楽しそうです。

現役アナウンサーも練習している『外郎売り』ってなに？

ところで、この『外郎売り』は、江戸時代（1718年）の歌舞伎役者、二代目市川團十郎《だんじゅうろう》によって初演された『若緑《わかみどり》勢《いきおい》曾我《そが》』という歌舞伎の演目の中に登場する『外郎売り』が語る長科白《ながぜりふ》の口上のことです。

私たちは〝ういろう〟というとお菓子を連想しますが、江戸時代に東海道の小田原宿にある薬屋が発売する〈透頂香〉という名の、仁丹のような銀色の粒状の薬のことをいいます。口にすると、仁丹よりかなり苦いです。

二代目市川團十郎が体調を崩したときに、この薬のおかげで治ったお礼の気持ちをこめて、團十郎自らが演目の中でこの口上を語るようになったと言われています。当時スーパースターだった團十郎が語ったので、すごいコマーシャルになったことでしょう。今でも小田原には立派な門構えのういろう社があり、〝外郎〟を扱う薬屋として子孫の方が営業しています。

その『外郎売りの口上』はとても長い科白で、普通のテンポで語っても全文を声に出して読むにはかなりのボリュームがあります。現代人には読むのさえむずかしい科白ですが、役者を目指す若者やプロのアナウンサーを目指す人が、必ず練習するという口上なのです。

私も、若い頃に劇団の養成機関で、この『外郎売り』を全文覚えて語るという課題を与えられて大変苦労しましたが、その後気がつけば滑舌がかなり良くなっていたことを思い出します。

一見面倒くさそうですが、どの練習よりも効果が高いので、滑舌を良くしたいと思う人は、ぜひ挑戦してみてください。

力を入れると滑舌は悪くなる

滑舌の良し悪しは、口の周りの筋肉と舌の動きです。しかしはっきり言おうとすると、ついつい力が入ってしまい、かえって動きを悪くしてしまいます。重要なのは力ではなく瞬発力です。瞬発力を発揮するには力を抜くことが必要です。

たとえば、卓球を想像してください。腕に力を入れてラケットを振っても速くは振れません。最低限の力でラケットを握り、腕や肩の力を抜いて振ることでスピード感のある素振りができます。滑舌もこれと同じです。口の周辺の力が抜けてこそ速く口がまわるのです。ところがこの〝力を抜く〟というのが一番むずかしいのです。

でも『外郎売り』を繰り返し読んでいると、ユーモラスな語呂の良さと連続する早口言葉がたくさん繰り返されるので、格闘しているうちに、気がつくと滑舌が良くなっているのです。そう、この言いづらさが大人には良いのです。あまりに連続しているので、力が入っていては続かないというのも、良い効果につながるのでしょう。ですからゲームを制覇していくような気持ちで、少しずつ声に出して読んでみてください。

『外郎売り』は、やれば必ず身につく滑舌の王道です。全文にチャレンジする必要はなく、すこしずつ難解さを楽しみながら練習して行くことをお薦めします。

『外郎売り』は、大きく４つの部分に分けられます。

①まずこの章の冒頭で紹介した自己紹介の部分。

②外郎売りが宣伝している〈透頂香〉の薬の紹介。

③『外郎売り』自身が実際に〈透頂香〉を口にする部分。

④その効能で口が滑り出すという早口言葉の羅列の部分。

この④の一部分だけでも充分な練習になります。しかも④は特に早口の連続で切れ目がありませんので、最初は読むだけでもひと苦労でしょう。まずは自分のペースでいくつかに区切って練習してみてください。

●外郎売り本文④

さて、この薬、第一の奇妙《きみょう》には、舌のまわることが、銭独楽《ぜにごま》がはだしで逃げる。ひょっと舌がまわり出すと、矢も楯もたまらぬじゃ。

そりゃそりゃそらそりゃ、まわってきたは、まわってくるは、アワヤ喉《のんど》、サタラナ舌《ぜつ》に、カ牙《げ》さ歯音《しおん》、ハマの二つは唇の軽重《けいちょう》、開合《かいごう》さわやかに、アカサタナ ハマヤラワ オコソトノ ホモヨロオ。一つへぎへぎに、へぎほしはじかみ、盆《ぼん》まめ、盆米《ぼんごめ》、盆ごぼう、摘蓼《つみたて》、つみ豆、つみ山《ざん》椒《しょう》、書写山《しょしゃざん》の社僧正《しゃそうじょう》。粉米《こごめ》のなまがみ、粉米のなまがみ、こん粉米のこなまがみ。儒子《しゅす》、緋儒《ひしゅ》子《す》、儒子、儒珍《しゅっちん》。親も嘉兵衛《かへえ》、子も嘉兵衛、親かへい子かへい、子かへい親かへい。ふる栗の木の古切口《ふるきりぐち》。雨《あま》がっぱか、番合羽《ばんがっぱ》か。貴様《きさま》のきゃはんも皮脚絆《かわぎゃはん》、我等がきゃはんも皮脚絆。しっかは袴《わばかま》のしっぽころびを、三針《みはり》はり長《なが》にちよと縫《ぬ》うて、ぬうてちょとぶんだせ。かはら《かわら》撫《なで》子《しこ》、野石竹《のぜきちく》、のら如来《にょらい》、のら如来、三のら如来に六のら如来。一寸先《いっすんさき》のお小仏《こぼとけ》に、おけつまづきやる《きゃる》な、細溝《ほそみぞ》にどじょうにょろり。京の生鱈《なまだら》、奈良なま学鰹《まなかつお》、ちょと四五貫目《しごかんめ》。お茶立《ちゃた》ちょ、茶立ちょ、ちやつと《ちゃっと》立ちょ茶立ちょ、青竹茶煎《あおだけちゃせん》で、お茶ちゃつと立ちゃ。来《く》るは来《く》るは、何が来る。高野《こうや》の山のおこけら小僧、狸百匹《たぬきひゃっぴき》、箸百《はしひゃく》ぜん、天目《てんもく》百ぱい、棒八百本《ぼうはっぴゃっぽん》。武具《ぶぐ》、馬《ば》具《ぐ》、武具、馬具、三武具馬具、合わせて武具馬 具六武具馬具。菊栗《きくくり》、菊栗、三菊栗、合せて菊栗、六菊栗。麦ごみ、麦ごみ、三麦ごみ、合せて麦ごみ六麦ごみ。あのなげしの長《なが》なぎなたは、誰《た》がなげしの長薙刀《ながなぎなた》ぞ。向こうのごまがらは、荏《え》の胡麻がらか、真胡麻《まごま》がらか、あれこそほんの真胡麻がら。がらぴいがらぴい風車《かざぐるま》。おきゃがれこぼし、おきゃがれ小法師《こぼうし》、ゆんべもこぼして又こぼした。

たあぷぽぽ、たあぷぽぽ、ちりから、ちりから、つったっぽ、たっぽだっぽ一丁《いっちょう》だこ。落ちたら煮てくを、煮ても焼いても喰《く》われぬものは、五徳《ごとく》、鉄《てっ》きゅう、かな熊《ぐま》どうじに、石熊《いしぐま》、石持《いしもち》、虎熊《とらぐま》、虎きす。中にも、東寺《とうじ》の羅生門《らしょうもん》には茨城童子《いばらぎどうじ》がうで栗五合《うでくりごんごう》つかんでおむしゃる、かの頼《らい》光《こう》のひざ元去《さ》らず。鮒《ふな》、きんかん、椎茸《しいたけ》、定《さだ》めてごたんな、そば切り、そうめん、うどんか、愚鈍《ぐどん》な小新発知《こしんぼち》。小棚《こだな》の、小下《こした》の、小桶《こおけ》に、こ味噌が、こあるぞ、こ杓子《しゃくし》、こもって、こすくって、こよこせ。おっと、合点《がってん》だ、心得《こころえ》たんぼの、川崎《かわさき》、神奈川《かながわ》、保土ヶ谷《ほどがや》、戸塚《とつか》を、走って行けば、やいとを摺《すり》むく、三里《さんり》ばかりか、藤沢《ふじさわ》、平塚《ひらつか》、大磯《おおいそ》がしや、小磯《こいそ》の宿《やど》を七《なな》つおきして、早天《そうてん》そうそう、相州小田原透頂香《あいしゅうおだわらとうちんこう》、隠《かく》れござらぬ貴賎群衆《きせんぐんじゅ》の、花のお江戸の花ういろう。あれあの花を見て、お心を、おやはらぎや《おやわらぎゃ》という、産子《うぶご》、這《は》う子に至《いた》るまで、このういろうのご評判、ご存知ないとは申されまいまいつぶり、角《つの》だせ、棒だせ、ぼうぼうまゆに、うす、杵《きね》、すりばちばちばちぐゎらぐゎらぐゎらと、羽目《はめ》をはずして今日《こんにち》おいでの何茂様《いづれもさま》に、上《あ》げねばならぬ、売らねばならぬと、息《いき》せい引っぱり、東方《とうほう》世界の薬の元締《もとじめ》、薬師如来《やくしにょらい》も照覧《しょうらん》あれと、ホホ敬《う》やまって、ういろうは、いらっしゃりませぬか。（終）

『外郎売り』を語ってみよう！〈滑舌のワーク2〉

それでは、その④を声に出して読んでみましょう。

どうでしたか。一気に読めましたか。読むだけでも大変です。自分には無理！と思う人は、無理する必要はありません。でも、滑舌を良くしたいと切実に感じている人は、どうぞ少しずつ練習して攻略してください。まずは、難解な漢字を読めるようになること。日頃、お目にかからない言葉の連続です。書籍やインターネットで口語訳や時代背景を解説しているものもありますので、意味を調べると頭に入りやすいでしょう。

文にチェック（印）を入れてみる（プランを立てる）

少しつかえずに言えるようになってきたら、科白らしく読んでみましょう。歌舞伎役者気分で、声を遠くまで伝わるように語るのも悪くありません。

『外郎売り』に限らず、長い文章を読むときは、つい棒読みになりがちです。前章の朗読のワークでもやりましたが、文節や段落のはじめの音の高さを変えてみましょう。音を変えたいところに印を書き込むのも良いでしょう。印はなるべく鉛筆などあとで消すことのできる筆記用具を使うことを忘れずに。練習しているうちに、印の位置や内容を変えたくなりますから。

特に話題の変化するところや段落の始めなどに印をつけて、その出だしの音の高さのイメージを書き込んでみるのも一つです。「高め」とか、「低め」、「柔らかく」や「堂々と」などとイメージを書き込むのです。これは朗読のときだけではありません。プレゼンテーションなどで話すときも、原稿に印を入れて読む練習をするのは有効です。文節の頭の音の高さを変化させることは、〝間〟と同様に立体感をもたせます。聞く側が少し飽きてきたなぁと感じる前に変化をつけましょう。

間の取り方も大切です。一息つきたいところにチェックを入れ、どんな〝間〟なのか。どのくらいの長さの〝間〟なのか、といったイメージを書き込んでおくと良いでしょう。強調したい箇所では特に〝間〟を有効に使ってください。畳み込んで話したいところには波線などを入れるのも良いでしょう。

さあ、プランはできましたから、一気に語ってみましょう！

お疲れさまでした。うまく行きましたか。語るだけでも大変なのに、〝間〟や〝声の高さ〟まで気を使うのは至難の技と思われるでしょう。でもこれもすべて慣れです。読めるようになることが目的ではありません。早くできれば良いものでもありません。時間をかけて、言いづらい言葉を話すのに慣れることが目的です。隠し芸でも練習するつもりで、少しずつトライし続けてください。

噛むことをおそれるより、噛んだと感じさせない余裕が大切

最近TVなどで、言葉にひっかかったり転んだりしてしまうことを「噛む」と表現しますが、よく噛んでしまう人も、そのことをあまり気にする必要はありません。ほとんどの場合、力が入りすぎると転んでしまいます。

リラックスすることが大切ですが、リラックスはしようと思うほどにむずかしくなります。それよりも失敗をおそれず楽しむことの方がずっと有効です。アナウンサーを目指すわけではありませんし、間違っても誰かが咎《とが》めることもありません。噛むことを心配するあまり、用心深くもごもごとスケールが小さくなってしまうよりは、相手に噛んだと感じさせないくらい、本人が楽しみながら語る余裕こそ、伝える力の極意です。

『外郎売りの口上』は、攻略するのに時間はかかりますが、ひとたびスラスラと読めるようになったら、滑舌が数段上達しているという、優れた練習方法です。

第9章

自分が音痴かもしれないと悩んでいる人へ

私は、講義のときのアンケートに「あなたは自分のことを音痴だと思ったことがありますか?」という設問を必ず入れています。コミュニケーションとは関係のないように思われる項目ですが、じつは深く関係があります。歌は、歌う本人も聴く人も双方の心を解放する力があり、コミュニケーションツールとしてポテンシャルが高いのです。

この設問に対して、なんと約80%以上の人が、「音痴だと思ったことがある」と答えたのです。これには驚きました。

謙虚な日本人という特質を考慮に入れても、この数字は高すぎます。テレビやラジオは当たり前、CDや今では携帯電話の中に音楽を入れて持ち歩ける時代です。音楽を耳にしない日は

1日たりともないという中で、しかも歌おうと思ったら誰でもカラオケに行って、好きな歌をいつでも歌うことができるのに、ほとんどの人が自分を音痴かもしれないと思っているのです。
これは由々しき問題です！なので、ここで少し〝音痴〟について触れてみます。

驚くほど少ない本当に音痴な人

私はすでに25年ほどボイストレーナーの仕事をしていますが、音痴だなぁ、と思う人にあまり会ったことがありません。ボイストレーナーとして声を聞かせてもらった人は、少なく見積もっても2〜3000人くらいにはなるでしょう。その中で「ああ、この人は本当に音程を取ることがむずかしいんだなぁ」と、感じた人は今までに10名にも満たないくらいです。音楽家や芸能人を目指している人ばかりを見ているからだと思われるかもしれませんが、そういう人のトレーニングは基本的にマンツーマンで行うので、そんなに多くはありません。それよりも学生や一般の方のトレーニングの方が一度にたくさんの人の声を聞くことになるので、人数的には圧倒的に多いのです。

その中で音痴の可能性がありそうな人までを加えても、せいぜい2〜30人くらいです。パーセントに換算すると0・1%くらいですね。それなのに、8割の人が音痴だと思ったことがあるというのです。ちょっと、これはいくらなんでもおかしくないでしょうか。

このギャップには、音痴の定義が関係していると思われます。

私が思う音痴とは、音程、つまり音の高さを認識することができない人のこと、または著しくそれが苦手な人のことを意味します。ところが多くの人は、音痴とは音程を外してしまうことだと思っているようです。ですから音を外すとすぐ「自分は音痴なのでは」と疑ってしまうのです。

音程が外れる3つの理由

人が音を外す原因は、大きく分けて三つあります。

①**音程を認識できない、あるいはそれが著しく苦手である。**さきほどの私の音痴の定義はこれにあたります。この場合、音程の認知がむずかしいので、本人は自分で音を外していることに気づくことができません。周囲の人が外れていると感じていても、本人はとても楽しく歌っています。人数的にはとても少なく、私観ですが、このタイプの人の中には、圧倒的な運動能力など、何か音楽以外のことに抜きん出た才能を持っている人が多いように感じています。

②**発声のコントロールがうまくできないために音を外してしまう。**自分が音痴だと思う人の大多数がこの場合で、自分で音程を外しているのがわかっているので、自分を音痴だと思って

しまいがちです。しかしこのタイプは音痴ではありません。なぜなら、自分が音を外していることを察知しているのですから。歌う曲の音域を自分の声域に合うｋｅｙ（調子）に設定し、発声のトレーニングをすることで、自分のイメージする音の高さに声をチューニングできるようになります。

③**合わせるべき音に意識がいっていない。**独りでアカペラ（無伴奏）で歌う場合を除いて、歌は伴奏やカラオケ、一緒に歌う人の声などに音程やリズムを合わせる必要があります。それを意識することなく自分のペースで歌ってしまうケースです。本人は楽しく歌っているものの、調和する意識が少ないために音程（場合によってはリズム）が外れてしまいます。①と同じと思われるかもしれませんが、音程の認知はできますので、共演相手の音（カラオケを含む）を意識することで、音を外すことが減っていきます。声の大きな人に多く、まれにですが、聴覚に支障のある場合もあります。

音痴は克服できる？

ところで、本当に音痴な人は、実際に訓練しても音程が取れるようになれないのでしょうか。私にもその答えがはっきりとわかっているわけではありません。以前に、音程を取るのが著しく苦手な役者さんが、どうしてもミュージカルで1曲歌を歌わなければならなくなり、私がトレーナーをしたことがあります。オリジナルのミュージカルだったので作曲者に曲の音程の高低差をできるだけ少なくしてもらい、訓練がはじまりました。

1つ1つの音程を視覚的な高さで表現しながら、声の高さをからだの感覚で覚えていくという根気のいるトレーニングでしたが、その人の並外れた集中力と運動神経で、最終的にはその曲をなんとか歌えるようになりました。最初の音を正確に取れないとうまくいきませんが、曲中の音程を筋肉の感覚で覚えているようでした。本番では5ステージ中、3勝2敗といったところでしょう。2敗の原因はすべて最初の音の高さが取れなかったことでした。しかし、残りの3回は見事に歌っていたのです。

歌は素晴らしい脳のトレーニング

音楽は脳を多角的に使います。メロディーを認識しながら、同時に仲間とのハーモニーを大切にして、リズムとの調和も感じています。

これが音楽の三要素。メロディーとハーモニーとリズムのバランスです。

音楽を奏でることはすなわち、この3つの要素を同時に脳が感じるということです。

音楽をすることは、一般的な学習より、広範囲の脳を使うことが知られています。それは呼吸を含めた筋肉の運動神経を使いながら、聴覚、視覚、イメージ力などを同時に駆使して音を奏でるからでしょう。しかも歌には歌詞があって、聴く人（オーディエンス）がいればさらに意識は広がります。それらを同時に感じるのですから、かなり高度な脳のトレーニングだとも言えます。

メロディーがはずれても、ハーモニーが外れても、リズムがずれても、なんだか気持ちが悪いものです。気持ちが悪いと感じれば、なんとか良くしたくなります。逆に言えば、自分も仲間も気持ちよく感じるところを意識すれば良いということになります。うまくハモリ合えば気持ちが良くて、楽しくなる。楽しくなれば続けたくなる。この繰り返しが音楽の、そして歌の魅力であり、始めたらやめられなくなる魔力です。

楽しんでいるうちに脳のトレーニングにもなり、歌もうまくなれば言うことありません。どうぞ音痴などおそれずに、たくさん歌って人生を楽しんでください！

音を外したと認識できる人は、音痴ではありません。歌う曲のkeyを自分の声域に合った高さにして、カラオケと調和しながら歌うことで声のチューニング力がついてきます。ポテンシャルの高いコミュニケーションツールである歌を楽しんでください。

第10章 声の悩みにお答えします

ここでは、私がよく尋ねられる、声にかんする悩みや質問について取り上げます。

声の悩み1――大きな声を出すとすぐにのどが痛くなる、咳込む

痛みがあるのは、風邪をひくなど、喉やその周辺に炎症がある場合もあるので、一概に声の出し方のせいとは言えません。もし声帯を強く擦って痛みが出ているとしたら、それはあまり良い状態ではありません。ただ、声帯には痛みを強く感じる神経は多くありませんので、痛みが強い場合は、その周辺に炎症があると考えられます。

声帯に支障が起きている場合は、痛みよりも声音の異常が感じられます。日頃とはちがった割れた声や雑音の混じる声だったり、思った高さの声が出ないといった症状が現れます。痛みが続くようでしたら、風邪の疑いがある場合は内科を、そして声帯自体に問題のあると思われる場合は耳鼻咽喉科を受診してください。声を出して痛みがあることは、どちらにしても良い状態ではありません。発声は、声を出していて気持ちが良い状態がベストです。

風邪や炎症がなくても、大きな声を出すとのどが痛いのは、大きい声を出そうと声帯に力をいれてしまうくせがついているからかもしれません。咳込みも力が入りすぎたときに起こります。最初の音声が声帯で作られるのを知っているので、ついがんばろうと声帯やその周辺に力を入れてしまうのです。声帯にいくら力を入れても、声はそう大きくはなりません。

声の振動は声帯で生み出されますが、その音はとても小さく、頭部や身体に響かせる必要があります。それには振動のもとになる呼吸のコントロール（☞6章）と、共鳴させるためのトレーニング（☞5章）をすることで解決します。

そのまま喉に力をいれて大きな声を出し続けていると、声枯れ、そして次第にハスキーな声になり、声帯に結節やポリープができてしまう可能性もありますので、気をつけてください。

声の悩み2―すぐに声がひっくり返ってしまう

声がひっくり返るのも、力が入りすぎていることが多いのですが、これについてはあまり気にしなくても良いでしょう。緊張によって力の配分がうまくできず、地声と裏声（ファルセット）が行ったり来たりしてしまうのですが、裏返ること自体は問題ありません。たいていの場合、緊張することに慣れてくるとあまりひっくり返らなくなります。

発声練習のところ（☞5章）に書いた、〝声のエレベーター〟をやるのも効果的です。出しやすい母音を選んで、低い音から高い音まで一息でスライドさせて行くときに、一度だけ地声から裏声に返し（チェンジ）ます。逆に高いファルセットから低い音にスライドさせて、途中一度だけ地声に返し（チェンジ）ます。これは声域を広げる訓練ですが、地声↕裏声をチェンジするコントロールの訓練にもなりますので、トライしてみてはいかがでしょう。

ただ、声帯に意識を集中させると〝喉声〟と呼ばれる喉に力が入った状態になることもありますので、呼吸を安定させることに集中して声を出してください。はじめはむずかしく感じても、慣れてくるとコツがつかめてきますので、焦らず少しずつ続けてください。

緊張していないときでも頻繁にひっくり返って、あまりに声が聞きづらい場合は、耳鼻咽喉科で受診して、問題がなければ、専門のボイストレーナーに付くことをお勧めします。

声の悩み3―声が通らない、小さい

とても多い悩みです。原因はいろいろ考えられますが、一つには声帯に力を入れてしまうくせがあるために声が出にくい場合が考えられます。または子どものころから大きな声を出した経験がなく、響かせる感覚を知らない場合。どちらも声の出し方のトレーニングをすることによって、声を大きくすることは可能です。特に響かせる感覚を知らない人は、ちょっとトレーニングするだけでもかなり違ってきますので、ぜひやってみてください（☞3章～5章）。

声は普通に出ているのに、滑舌が悪くて相手に意志が通じにくいことも考えられます。伝わらないので、声が小さいのでは、と本人が思い込んでいるのです。声の大きさよりも伝える力があれば、困ることは格段に減ります。原因を客観的に理解して、滑舌の訓練（☞8章、9章）や身体表現（☞第Ⅱ部）を見直すことで解決してください。

ただ、今まで普通に声が出ていたのに急に声が出なくなった、小さくなってしまったという人は、まず耳鼻咽喉科を受診しましょう。喉や声帯に問題がなければ、5章のような、のどを楽にして響かせるトレーニングをやってみてください。それでも直らない場合は、専門のボイストレーナーに付くことをお勧めします。無理に声を出し過ぎたことがあるなど、必ず原因がありますので、相性の良いトレーナーと時間をかけてトレーニングしてみてください。

声の悩み4―もっと高い声を出したい

これは、比較的若い男性に多い要望です。最近のヒットチャートに載る男性歌手たちの歌の音域が高いことから、そうした要望が多いのでしょう。しかし、その歌手の声域が高いからといって、だれでもすぐに真似できるものではありません。彼らはそれなりに長い期間にわたり訓練をしたり、もともとの声域が並外れて高いのが特徴だったりするからこそ、プロフェッショナルになれたのです。

すんなりと歌える人は良いでしょうが、無理して真似をするのは少々危険です。私は〝良い声〟と高さは関係ないと思っています。その人のもっとも自然な声域で心地良く響いているところこそが、〝良い声〟だと思うのです。あまり高さにこだわらず、自分に合った音域で歌ってください。楽に歌えばからだもリラックスして、聴いている人も楽に聞けるものです。

それでもどうしても高い声を出したければ、多少の時間とお金をかけて、ボイストレーナーに依頼して、トレーニングすることをお勧めします。

声の悩み5―ファルセット(裏声)をうまく使えるようにしたい

ファルセットを使えるようになると、格段に高い音域が使えるようになります。ほとんどの女性はファルセット（裏声）を使わないと歌を歌う音域が足りません。歌だけではなく、ナレーションや語りなどでもファルセットを使うことで、表現の幅が広がることもあります。無理して地声で高域を出そうとすると、声枯れや結節、ポリープの原因となりますので、裏声を使えるようになることは良いことです。

女性の場合、もともとほとんどの人がファルセットを出せます。会話の中で無意識に使っていることも多いからです。わからない人も少し練習すれば出せるようになります。ただし、歌に使える裏声となると、人によっては少し訓練が必要かもしれません。地声とのギャップが大きすぎると感じたり、フワフワし過ぎて歌にならないと感じるなど、使いにくいと思う人も多いようです。

このような場合は、少し専門的になりますが、地声に裏声のような響きをまぜる〝ミックス〟と呼ばれる声の出し方をマスターすることで、これらの問題を解決することができます。または裏声のポジションで地声の響きを混ぜる〝ミックス〟の唱法もあります。しかしこれらをマスターするのは、かなりの時間と専門的なトレーニングが必要になります。

また、男性のファルセットは女性よりも難易度が高くなりますが、今では使うアーティストが増えたせいか、若い人を中心に使える人が多くなってきました。男性の場合は、そういうアーティストの使い方を真似することから始めてみてください。

男女問わず、ファルセットの出し方は声帯に無理な力をあまりかけません。がんばって地声で高い音を出そうとせず、力を抜いて、小さな声でふわっと高い音を出そうとすると、自然と裏声に返る場合がありますので、トライしてみてください。また、腹式呼吸ができるようになると、ファルセットはとても出しやすくなります。どうしても早くうまくなりたければ、やはりそれを指導できるボイストレーナーに付くことをお勧めします。

声の悩み6—声をつぶしてハスキーボイスになりたい

サザンオールスターズの桑田佳祐さんの声やBON JOVIのような渋い声に憧れて、自分も声をつぶしてハスキーボイスになりたいという人が時々います。私も若いころにハスキーでパンチのある声に憧れていました。

ところで、〝声をつぶす〟とは、どういう状態のことをいうのでしょう。

声の出る仕組みについては、4章でお話ししましたが、声帯が軽く閉じている状態のときに、肺から送られる空気で声帯が振動しますが、声帯を閉じても隙間が空いていると空気が漏れ、この空気の漏れた音が擦れ音として聞こえる状態が、ハスキーボイスです。

生まれつき声帯を閉じても隙間がある人もいますが、声帯を酷使するとそこに結節やポリープができて、それによって隙間ができて声がかすれることを〝喉をつぶす〟〝声をつぶす〟と表現するのでしょう。結節ができて声が擦れていても、安静にすることで回復します。しかしポリープは大きくなると手術が必要になることがあります。

ハスキーボイスに憧れて、お酒をたくさん飲みながら大声で叫んだり、何時間もカラオケで歌い続けたりして声をつぶす方法がインターネット上にありますが、ボイストレーナーとしてはお勧めしません。それは、とてもリスキーだからです。あなたが思っているような状態になれる保証はまったくありません。もとに戻したいと思っても、もう戻れないことの方が多いからです。

声帯は筋肉でできていますが、表面を粘膜で覆われていて常に濡れた状態に保たれています。しかし息漏れすると、粘膜が乾きやすくなって、故障を起こしやすくなるのです。生まれながらの人もそのリスクは同じですが、その状態にからだが慣れています。成長期や大人になってからその状態になると、声のトラブルが続いて声自体が出にくくなり、会話にも支障を来す可能性をはらんでいます。

発声上、理に叶った声の出し方で、長期に渡って声を使っているうちに徐々にハスキーになった場合ならばまだしも、急激な変化は大きなリスクを伴いますので、充分に考えて判断してください。

声は最も身近な表現ツールのひとつです。気になっていることがあれば、なるべく早く解決しましょう。
発声の基本は楽に長く続くこと。鼻歌やロングトーンで出し慣れてください。

Column

ボイストレーナーを見つけるには

音楽の業界では昔からありましたが、近年、ボイストレーナーという仕事もかなり一般的に知られるようになってきました。しかし、まだまだどうやって見つけたら良いのかわからないと感じている人も多いようです。

20年くらい前までは、主にクラシックの発声を勉強した人がボイストレーナーをやることが多かったようです。現在では、トレーナー自身の得意とする音楽もさまざまなジャンルにわたっています。もし、あなたが歌の勉強がしたくてボイストレーナーをさがしているのなら、まず自分の興味のあるジャンルに強いトレーナーをさがすべきです。それには、同じジャンルの仲間からの情報が大切です。もしあなたがこの章にとりあげているような声の出し方に悩んでいる場合は、なるべく通いやすいところでさがすのが一番でしょう。ジャンルは違っても基本的な発声は同じです。声のトレーニングには時間がかかりますから、なるべく続けられそうな、相性の良い人を選ぶのがいいでしょう。

声は個人差が大きいので、声に悩みを抱えている場合はなるべくマンツーマンのレッスンをお勧めします。複数の声の中で発声しても、自分の声がよく聞こえず、ついつい声を頑張って出してしまうことがあるからです。せっかくお金をかけても痛めてしまっては残念です。

ただ、専門性が高いにもかかわらず、ボイストレーナーには資格がありません。だれでもなろうと思えばなれるので、決める前に、よく話を聞いて人柄とキャリアを確認することを忘れないでください。「すぐに上手くなる」など、安易な売り言葉には要注意です。

料金は、いろいろなシステムがありますが、私が知っている範囲では、一般向けで個人トレーニングの場合、約30分で3000～5000円が相場のようです。でもこれは参考程度に。時間とトレーニングの内容を金額と照らし合わせ、よく検討して決めてください。プロを目指す場合は、トレーニングの内容も増えますからもう少し高価な場合もあります。

第II部

伝わる身体のつくり方

第1章

劇場へ行こう！
～誰でも楽しく表現力が身につく方法～

第Ⅰ部では、声や言葉について、そしてその磨き方についてお話ししましたが、表現力を磨くには、声や言葉だけでは充分ではありません。立ち姿や歩き方、表情や目の置きどころなど、〝舞台人が学ぶ基礎訓練〟には知っておくと役に立つものがたくさんあります。また、人の前に立つときに最初に立ちはだかる〝緊張〟や〝気後れ〟を、どうコントロールしていけばいいのか、などをこの第Ⅱ部でお話しします。

でも、技術だ知識だと、うんちくを語る前に、誰でも絶対に身体表現力をアップさせることのできる、魔法のような方法があります！　しかも努力などまったく必要なく、楽しく身につく方法。

それは、劇場へ足を運ぶことです。

クリアなイメージをもつ

劇場というとお芝居を思い浮かべるかもしれませんが、必ずしもお芝居だけではありません。音楽でもお笑いでもダンスでも、パフォーマンスと思われるものならばなんでも良いのです。ただし、一回行けば良いというのではありません。

繰り返し頻繁に足を運ぶことがポイントです。テレビやパソコン、DVDといった映像ではなく、じかに生のパフォーマンスを観に行ってください。

あなたが興味を感じるものでしたらジャンルは問いません。兎にも角にも繰り返して観るのです。最初は気が進まない人も、最低5回は足を運んでください。騙されたと思って行ってください。何に行けば良いかわからなければ、とりあえずなんでも。すると好きなジャンルが見つかることもありますし、次第に楽しさがわかってきます。

人はイメージを持たないと、なかなかそのようになることができません。あなたがこんなふうに表現したいなぁ、この人みたいにできたらなぁ、と思うイメージをクリアに持つことが、重要なのです。

ファッションもそうです。あなたは憧れの人が着ているセンスの服を選んでいませんか。あなたが好きなアーティストや憧れの人を繰り返し目で追いかけて、あなたの中にはっきりとしたイメージがあるからこそ、そのセンスを理解して選べるようになったのでしょう。それと同じことです。

劇場（ホールやライブハウスも含め）には、そんな皆さんのイメージのもととなりうる、達者な表現者たちがたくさんいます。彼らの身体《からだ》の動きはもちろん、息づかいや目の動き、音楽や声の響き、人を笑いや涙に導くストーリー、テンポ、〝間〟、演出、そしてその舞台に立っている人や観客がなにを感じているのかを、あなたの肌で感じてください。誰かのファンになって憧れをもつと、その人に対するあなたの集中力が高まり、さらにあなたの中にその人のイメージが深く刻まれます。有名な舞台にこだわる必要はありません。小さな劇場、寄席、オペラでも、人形劇もあります。自分に投資するつもりで足を運んでください。大切な自分のお金をかけた方がより身につきます。それが芸能を志す人への応援にもなり、お互いにメリットがあります。回を重ねるにつれて、パフォーマンスに対する目は肥え、今まで気づかなかったディテールや手法、さらに善し悪しの判断基準もはっきりと見えるようになるでしょう。

すべては模倣から始まる

思い出してください。子どもはすべてまわりの大人たちの模倣から覚えます。私たちは、歩き方も仕草も言葉もすべてを真似することで覚えてきたのです。大人になっても、何かを身につけるときは同じです。同じ空間で観て、感じて、深く心に留めて、イメージを描けば、いつか表現に現れます。ですから、繰り返し自分の好きな〝生のパフォーマンス〟を観ることが重要なのです。

器の水は、いっぱいになってあふれ出す

あなたの身近な友人に〝表現力豊かな人〟はいますか。自分の気持ちをからだ全体を使って表せる人です。思い当たらなければ、芸能人でも良いですから思い浮かべてください。

その人に表現力があるのには、必ず理由があります。家族の中に豊かな表現をする人がいたり、その人自身が無類のお笑い芸人好きでいつも真似をしてみんなを笑わせていたり、もしかしたらバンドのボーカルに憧れていたり、オペラ好きだったり、落語好きなおじいちゃんに頻繁に寄席に連れて行ってもらったりなど、子どものときからずっと頭の中で、何か（誰か）の表現の真似を繰り返していたはずなのです。

それはまるで、器に液体を注ぎ入れるようなものです。器の形や大きさは人それぞれで、すでに溜まっている量も人によってちがうでしょう。夢中で観た生の感動と共感の繰り返しが、液体のように溜まっていって、あるときに器いっぱいになり、自分自身の〝表現〟としてあふれ

出すのです。楽しみながら注ぎ続けることで、はじめてあふれ出すのです。

感動を共有して深く心に刻む

もう一つ劇場へ足を運ぶ利点があります。それは、観客があなただけではないことです。楽しいことは独りでも楽しいですが、人と共有するとその楽しさは倍増します。大きな感動ほど、その人の記憶に深く刻まれ、あなたの器に注ぎ込む量も、きっと多くなるでしょう。さらに感動を共有することで、あなたの心は自然と開きやすくなります。

たとえあなたが劇場に独りで出かけたとしても、その劇場に感動があれば感動を共有した人に親近感がわきます。誰かに話しかけたくなるかもしれませんし、笑顔が交差するかもしれません。帰りがけの他人の感想にひとり頷くかもしれません。大切な人にその感動を伝えたくなるのです。

劇場へ足を運び、好きなものを繰り返し観ることで、イメージはクリアに描かれ深く心に残り、いつしかあなたの表現となってあふれ出します。

第2章

欠点を魅力に変えよう！

そもそも、コミュニケーション力って何？

ところで、私たちは「コミュニケーション」という言葉を頻繁《ひんぱん》に使っていますが、そもそもコミュニケーションとは何なのでしょう。あなたは説明することができますか。

辞書には、〈意志の疎通。言葉や表情、身振りやメディアを媒介手段として情報を発し受け取り合う交わりのこと。交信、交流〉とありますが、どうでしょう。腑に落ちましたか。なんだか分かるような、わからないような、そんな感じです

では、コミュニケーション力のある人とは、どんな人でしょう。それは人当たりの良さでしょうか。友だちをたくさん作れる人。上司とうまくやれる人。笑顔の良い人。それとも交渉

力のある人。はたまたその全部を持っている人でしょうか。そのすべてがあればコミュニケーション力があるといえるかもしれませんが、正確に表しているとは言えない気もします。

コミュニケーションとは自分と相手があり、双方向で交信・交流することです。自分が発信して相手へ伝える能力を「伝える力」、そして相手が発信してあなたがそれを理解する能力を「受け取る力」とすると、コミュニケーション力とは、この二つの力のことだといえます。であるならば、自分の伝えたいことを確実に伝えられる能力と、相手から発信された情報を確実に受け取る能力の、両方をバランス良く持っていること。つまり、**「伝える力」と「受け取る力」を兼ね備えていることが、コミュニケーション力がある**といえます。

—コミュニケーションとは？—

その能力が、自分にはどのくらい備わっているのか。自分の能力を知ることは、誰でもむずかしいことです。ですから、コミュニケーション力に自信のある人など、そんなにはいないの

です。どんなに明るくて悩みとは無縁に見える人でも、社会的に立派だと認められている人でも。

身体表現力に欠かせない客観性

人はそれぞれ自分のことを主観的にとらえています。それはときどき、周囲の認識とズレていることもあります。たとえば、容姿がとても〝可愛い〟のに〝不細工〟だと認識してしまう。ありそうですね。ちょっともったいない気がします。〝せっかち〟なのに〝のんびり〟だと認識していたら、見ている分には面白いでしょうが家族は大変そうです。〝器用〟なのに〝不器用〟だと認識している場合。謙遜していると思われがちですが、本人は完璧主義なのかもしれません。逆もありますね、もし〝不器用〟なのに〝器用〟だと認識していたら、周囲の人に迷惑がかかりそうです。このような周囲との認識のズレはユーモアのネタになり、ドラマが生まれます。

では、たとえば本人がお辞儀をしたつもりなのに、目上の相手にはそれが挨拶に見えなかったらどうでしょう。相手に場所を譲ったつもりなのに、怒って立ち去ったと思われてしまったら。商談のときに笑顔を作って応対したつもりなのに、あざ笑っているように相手に受け取られてしまったら…。

極端な例ですが、ないとは言い切れません。思わぬ誤解から深刻な事態を招いては残念です。社会では、自分を的確に表現しなければならないときがあり、そのために自分を客観的にとらえておく必要があります。

あなたの欠点はコミュニケーションの武器になる!?

表現にマニュアルはありません。あるとするならばたった一つ、「個性と結びつく」ことだけです。つまり表現とは、自分の個性がその手だて（道具、あるいは武器）になるのです。姿の美しい人はその美しさで、ユーモアのある人はそのセンスで、笑顔の可愛い人はその笑顔で、相手の〝関心〟を引き寄せます。もちろん魅力だけが武器になるわけではありません。ウィークポイントでさえ、その手だてとなり得ます。**弱点が魅力**になるのです。

人は自分の弱点を隠したがるものです。でも、自分の弱さをさらけ出すことで、相手の心を動かすことがたくさんあります。その心のうちをさらけ出したときに、まわりの人はその人を応援したくなります。人の心とは本当に複雑です。そして誰もがコンプレックスを抱えています。スキャンダルに巻き込まれた芸能人や政治家が、そのスキャンダルを逆手に取って、のし上がって行こうとする姿を見て、応援する人が現れることがありますね。それは彼らが、弱き者を応援したくなる人の心をよく知っているというか、そのチャンスを見逃さないからです。

魅力にしても弱さにしても1つの個性です。それらを自分で客観的に把握しておくことで、表現の手だてとすることができるのです。

自分の個性を知る

講義のときのアンケートに「自分のことを好きですか」という質問を入れると、7割ほどの人が「自分を（あまり）好きではない」に○をつけています。謙虚かもしれませんが、残念だと思います。

人は自分の個性をイメージでとらえていて、厄介なことに、とても主観的（感情的）に感じています。その個性を、なるべく冷静に、客観的に、そしてポジティブにとらえることはできないものでしょうか。自分を知る方法として、容姿の場合は鏡がありますが、この鏡も〝曲者〟です。私たちは自分のことを主観的にとらえていますから、自分の特徴をすでに自分の思い込みの色眼鏡で見ているのです。一度自分は醜いと思い込んでしまうと、鏡に映し出された自分をいくら観ても不細工でしかなく、見る度に自分を洗脳してしまい、最終的には鏡を見ることさえおっくうになってしまうのです。

コンプレックスの強い人は、一度思い込みから離れなければなりません。容姿にしても性格にしても、先入観からはなれて、自分の特徴をただの事象であると認識するのです。しかもその特徴は相手によって受け取り方が変わります。相手によって変わってしまうことに一喜一憂するのは時間の無駄です。それより特徴をいかにうまく使いこなすかを考える方が、ずっと建設的でしょう。

〈自己分析のワーク〉

ここで自己分析をやってみましょう。

自分の個性を紙に書き出してみてください。外見的な個性はもちろん、性格の個性も書き出してみましょう。書き方は図のようにその個性が長所だと感じていれば左側に、弱点・欠点と感じていれば右側に記入してください。ただし、長所と書いた個性の右側のマスは空欄に、弱点の側に書いた個性の左側のマスも空欄にしておいてください。また、長所とも弱点とも判断できない個性はまん中に書いてください。

次に、空欄を埋めていきます。違う色の

—自己分析のワーク例—

<table>
<tr><th>長所</th><th>弱点・欠点</th></tr>
<tr><td colspan="2">のんびり</td></tr>
<tr><td></td><td>ケチ</td></tr>
<tr><td>優しい</td><td></td></tr>
<tr><td></td><td>せっかち</td></tr>
<tr><td colspan="2">マイペース</td></tr>
<tr><td></td><td>そそっかしい</td></tr>
<tr><td></td><td>まわりが見えなくなる</td></tr>
<tr><td>体力がある</td><td></td></tr>
<tr><td></td><td>あきらめが早い</td></tr>
<tr><td></td><td></td></tr>
<tr><td></td><td></td></tr>
</table>

ペンを使ってください。先ほど弱点と感じている個性の空いている左側の空欄に、その個性をポジティブ（長所）にとらえた言葉で表現してください。たとえば「せっかち」と書いたならば「先が読める」、「ケチ」→「経済観念がある」、「そそっかしい」→「愛嬌がある」などと長所に感じる言葉で表現してみるのです。

同様に長所と感じた個性の右側の空欄に、その個性をネガティブに感じる言葉で書き表してください。「優しい」→「優柔不断」、「切りかえが早い」→「あきらめが早い」などです。魅力を弱点（欠点）的にとらえると、リスクの回避につながります。

このワークを誰かと一緒にやるのもお勧めです。互いに見せ合ったり、それぞれの性格について話してください。互いに考え合うことで、より客観的にとらえる助けになり、意外な発想に触れることにもなり、思い込みから解放されるきっかけになります。

―ワークシート記入例―

長所	弱点・欠点
おっとり、おだやか のんびり	のろま
経済観念がある	ケチ
優しい	優柔不断
先が読める	せっかち
自分の世界がある マイペース	人のことを考えない
愛嬌がある	そそっかしい
集中力がある	まわりが見えなくなる
体力がある	無理をする
切りかえが早い	あきらめが早い

自分の欠点をおそれないことがあなたを強くする

こうやって考えてみると個性とは〝ただの事象〟であり、長所か短所かは受け取る側の主観であることが見えてきます。人から見ればそれは欠点ではないことも多いのです。

ならば、コンプレックスから少し解き放たれたところで、あえて自分の個性を周囲にさらけ出してはいかがでしょう。自分が感じる欠点について、心の底に封じ込めるのではなく、まわりに話をするのです。正直にさらけ出すと意外な答えが返ってくるかもしれませんし、相手はそれを欠点とは思っていないことを発見するかもしれません。また欠点について話をすると、互いのコンプレックスを解放することにもなり、より深い良い関係を築ける可能性が高くなります。

コミュニケーションはあなたの個性そのものが、その手だてとなります。まずは思い込みから離れて、自分をなるべく客観的に知ることが大切です。

第3章 人の視線が怖くなくなる目線の訓練法

目線と視線の違いは？

『目は口ほどに物を言い』ということわざがあります。その人の感情がもっとも表れるところが目であり、たとえ嘘をついていても、目をみれば真偽がわかるという意味です。

コミュニケーションにおいて、目の表情はとても重要です。特に親子や恋人、そして親しい友人など深いかかわりあいの仲ほど、〝目の表現〟は意味を持ち、心の機微を伝えます。でも、気持ちが目に表れてしまうのは、逆に困る場合もありますよね。たとえば多勢の人に向かって話をするときに、どこを見たら良いかわからないということはありませんか。多くの人を前にして、おどおどしている自分を見透かされそうで、思わず目がキョロキョロしまう。仕方がないからうつむいたり、見てもいない原稿やパソコンに目を落としてしまったり、ということがあります。でも、大丈夫！　そういうときのための目線の訓練法があります。

ところで〝目線〟と〝視線〟という言葉がありますが、その違いはなんでしょう。

〝目線〟は『カメラ目線』『子どもの目線で考える』『上から目線』などと使います。そして〝視線〟は『人の視線が気になる』『彼女と視線が合う』などと言います。恋人同士を表現するときに『彼と彼女は思わず視線を合わせた』とは言っても、『彼と彼女は思わず目線を合わせた』とは言いませんね。

〝目線〟と〝視線〟の違いは、そこにその人の感情が入っているか、いないかです。意志ではなく感情です。おもに個人と個人のあいだで交わされるのが〝視線〟で、単に目の方向を表しているときに〝目線〟として表現されます。

目線で視線に打ち勝とう！

多勢の人の前に立つと緊張するのは、一つの要因として、多勢の人に見られる視線が気になってしまうからです。よく観客を「かぼちゃだと思え」と言いますが、そうはいっても相手は一人一人意志を持つ人間ですから、本当は〝かぼちゃ〟にも〝じゃがいも〟にも見えません。それよりも目線で対抗することをお勧めします。

またダンスや歌など客席に向かって直接パフォーマンスをする場合、客席の視線に目を合わせるとかえって集中の妨げになってしまうときがあります。そういうときは、一人一人と視線を合わせるより、どこの方向に目を向けているのか、の方が重要になります。

これはステージだけのことではなく、学校の先生やアドバイザー、プランナーなど、多勢の人に対して話をすることの多い人にとっては、心当たりがあることでしょう。慣れれば自然にやっていることですが、経験のない人や苦手意識がある人のために、これから多勢の人に対したときの目線の置き方・配り方の練習方法についてお話します。

でもその前に！　ちょっと準備運動をしておきましょう。せっかく目線をトレーニングしても、目がトロッとしていては残念です。なるべくすっきりした魅力的な瞳で目線を送りたいものです。

●目の準備体操

①まず、まぶたを大きく開けて目を見開いてください。次に目をぎゅっと閉じてください。これを2～3回繰り返しましょう。

②次に、眼球を動かします。まず右左に、そして上下に、最後にぐるっと回してください。これも2～3回繰り返します。

③そして、遠くの方を見て、どこかに焦点をあてて数秒止めてください。今度は自分の近くに

焦点をあてて数秒見てください。そして焦点をいろいろな距離のいろいろな方向に動かしてください。これは、目の焦点を合わせる筋肉をほぐし、同時に自分の目線の焦点をどこに置いているかを意識する訓練になります。

頭もクリアになりませんか。目のまわりがスッキリしたら、いよいよ目線の訓練をやってみましょう。

〝目線を置く〟と〝目線を配る〟〈目線のワーク1〉

①まず、自分の目線の正面に左右の手の人差し指を立てます。腕はまっすぐ伸ばしておいてください。

②人差し指を立てたまま、左右に広げていってください。そのときに両人差し指を意識しながら、目線はまっすぐ前を見ていてください。そして左右の人差し指が視野から消える少し手前で止めましょう。正面を見ながら視野を広く感じる訓練です。

③そのまま左右の人差し指を曲げたりのばしたりして、それを視野の中で感じ取ることができますか。できたら両手をおろしてください。なんだかボ～ッと前を見ている感じがするでしょう。それが〝**目線を正面に置く**〟という状態です。正面を見ているようでジッと見ていない

感じですね。それができたら、指を使わずに目線の方向を少し変えて、同じように視野を広く感じながらいろいろなところに目線を置いてみましょう。右に置いたら左に置くという感じです。そして近くに置いたら遠くにというふうに、何回か繰り返していると、〝目線を置

―視野を広げた目線のワーク―

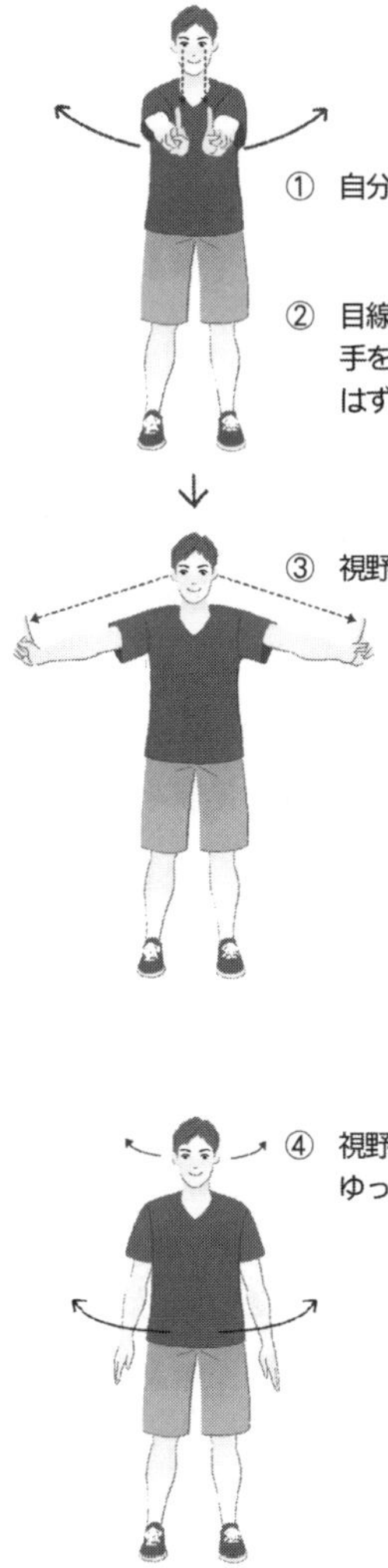

① 自分の目線の正面に両手の人指し指を立てる。

② 目線を正面に置いたまま、両サイドに手を広げ、立てた両人差し指が視野からはずれないギリギリの位置で止める。

③ 視野を広げた目線のまま両手をおろす。

④ 視野を広げた目線のまま、からだごとゆっくりと周囲を見まわす。

く〟という感覚が次第に実感としてわかってきます。

④次に、その目線のまま周囲をゆっくりと見回してください。黒目がキョロキョロと動くのではなく、黒目を落ち着かせた状態で視野を広く保ちながら、首やからだを使って見回すのです。そして1か所に目線を止めては動かし、また別の場所に動かしては止める、を繰り返してください。これが〝目線を配る〟という感覚です。

目線を置いたり配ったりができるようになると、緊張状態であってもオーディエンスの視線があまり気にならなくなります。すると伝える内容に集中しやすくなり、しかもオーディエンスはあなたから見られている気持ちになるので、聴こうとする集中力が高まります。

目線を組み立てる〈目線のワーク2〉

さて今度は、話をしながらこの目線を配ってみましょう。実際に自己紹介や研究の発表の一部などを、声に出しながら目線を動かします。発表などを控えている人は、自分が発表しているときの会場をイメージしながら、目線を配ってください。たとえば最初は遠くの人に、そして次は前の人に。話の変わり目で右側に向かって、話が展開したら左側に、という具合です。

また、このワークは何かを読みながらではできません。内容を頭に入れておくことが前提になります。暗記するのではなく、ポイントと話す順番を整理して話せるようにしておきましょう。重要なところに来たら正面を向いて、ポイントを言い切ったら、〝間〟を取ってゆっくり全体を見回す。というふうに目線を組み立てていきます。組み立てた順番を覚える必要はありません。目線はあくまでその場の空気が大切ですから、うまく動かせるようになれば良いのです。

すぐにできるようになるのはむずかしいでしょうが、何度か繰り返していくとコツがつかめてきます。たとえ緊張して気持ちがオドオドしていたとしても、〝機械的に目線を動かしては止める〟ができれば良いだけですから、緊張していても不思議なことにオーディエンスにはその緊張が気にならなくなります。なぜならばあなたの発表が自分に向けられていると感じるようになるからです。

こうして繰り返しているうちに、目線の組み立て方がからだでわかるときがきます。むやみやたらに目線を動かすのではなく、理にかなった動かし方が自然にわかるようになります。

目線を使いこなす3つの心得

人前に立つのが苦手だと感じている人は、とにかくたくさん人前に立つ機会を作りましょう。小さな勇気の積み重ね、失敗は恐れるものではなく勲章だと思ってください。そしてそのときに目線について、次のことに気をつけてパフォーマンスしてください。

①けっしてずっと下を向いて原稿やパソコンのモニター、プロジェクターの画面を見ないこと（＝話す要点を頭の中に入れておく）

わかっていてもいざというときにやってしまうのが、『下を向いてしまう』ことです。いくら目線の練習をしても、肝心なときにオーディエンスの方に目線がいってなければ、〝伝えたい思い〟は届きません。そのためには自分が話したいことや話す順序が、しっかり頭に入っていなければいけません。たとえ緊張で頭が真っ白になったとしても、もっとも伝えたい要点を繰り返し口に出して話しておけば、からだの筋肉も一緒に記憶していますので、いざというときの力になります。とにかくオーディエンスをなるべく長く見ながら話せるように繰り返し話す練習をしてください。

②一か所に目線が止まってしまわないこと

せっかくオーディエンスに目線を送っても、固定してしまうとオーディエンスは飽きてしまいます。人は相手がどこを見ているかを本能的に察知しようとします。視線が長時間動かないということは不自然ですから、見ているほうは違和感をおぼえます。また、じっと自分の方ばかりを見られると苦しくなります。反対にまったく自分の方に目線がやってこないと、自分と関係のないことのように感じてしまうので、目線はくまなく見回すこと＝『目線を配ること』が大切です。

③からだごと動かすこと

目線を配るときに、目だけではなくからだごと向けましょう。からだを固めて黒目だけで見回そうとすると、キョロキョロして落ち着かない印象を与えてしまいます。内容の変わるところでからだの方向を変えたり、歩いたりすることで〝間〟をつくることができます。〝間〟を上手に使うと、聞く人の集中力を高めます。からだの向きも意識しながら発表の練習を繰り返してください。

以上3つのポイントを頭に置いて経験を重ねていくと、気がつけば目線を自分の意志でコントロールできるようになっているでしょう。最初から「ちゃんとやらなければ！」と気負わずに、徐々にできればいいのだと、焦らずに続けてください。

親しき仲に視線あり

ここまで〝目線〟についてのお話をしてきましたが、目線はあくまで不特定多数に対してであり、家族や恋人、仲の良い友人関係やホスピタリティを重視した接客など、個人と個人との関係で〝目線〟のやりとりは厳禁です！　それは相手を傷つけることになるからです。

人は子どもの頃より相手の〝視線〟の動きから感情を読み取りつづけています。瞳の動きは正直です。本心が現れます。だからこそ自分の大切な人に対しては、センサーの感度を上げてその人の気持ちを感じようとします。大切な人の瞳の動きに感情が読み取れないとき、それは即ち〝拒絶〟と感じてしまいます。それだけ〝瞳の動き〟からの情報を重視し、自分の感情に直結させているのです。つまり親しい関係であるほど、アイコンタクトはコミュニケーションの〝核〟であり、重要なツールです。

また、仕事の現場でもアイコンタクトは重要です。緊急の場合やミスが許されない状況下では、互いにアイコンタクトをし合って意志確認することが大切です。言葉よりも情報を正確に素早く伝える場合があるからです。ですから、日頃からアイコンタクトに慣れておく必要があります。子どもの頃によく耳にした「目を見てあいさつしなさい」は、コミュニケーションの要を伝える親心。アイコンタクトは信頼関係を深める愛のコンタクトです。〝公〟と〝私〟。〝目線〟と〝視線〟。どちらも使い分けが肝心です。

目はその人の感情がもっとも現れる場所です。多勢を前にしたとき、オーディエンスの視線に負けないように、しかし相手にしっかり伝わるように、目線を置き、目線を配ることが大切です。

第4章 さらば！老け顔!? 表情筋を楽しく鍛えよう！

テナンの悲劇

ギリシャ神話だったでしょうか、子どもの頃に読んだ漫画の一部に比喩として引用された物語があります。テナンという女性を愛したピアセダイという男が、彼女に愛されていないと絶望して彼女を殺してしまいます。そこに神が現れてテナンの心臓を切り開いてみせると、そこには彼への愛がいっぱい詰まっていた。彼女は愛するときと憎しみの表情が同じだった――という物語。

思春期に入ったばかりの私は、その漫画本編の物語よりテナンのことが深く心に刺さり、何日も考え続けたことを覚えています。テナンの心の中は彼への愛でいっぱいだったのに、伝わらないばっかりに殺されてしまうなんて、もちろん殺してしまうのは論外ですが、物語はテナンとピアセダイ双方にとって、なんとも理不尽です。

よく考えてみると現実社会もまたこのような誤解に満ちています。日々ニュースを賑わす痴情事件の数々、親子の悲しい物語。事件にならなくても、人が心を深く傷つけられる原因のほとんどが、究極的には「自分が愛されていないのでは」「自分は愛されるべき存在ではないのかもしれない」という愛情を疑う思いから始まっています。

人は愛し愛されたいと切望し、切望するからこそその愛を疑ってしまいます。ですから愛情は「親しいのだから伝わっているはず」「自分はちゃんと伝えている」と、過信せず無精をせず、日々しっかりと伝えておくべきものなのでしょう。これはコミュニケーションにとって、とても根源的で重要な部分です。

ところで、人は愛情をどう表しているでしょう。男女の愛だけではなく、自分の大切にしているもの、熱中しているもの、家族、友人、仕事、研究、趣味、故郷、風景など、愛着の対象はたくさんあります。人は愛情に動かされて行動し、言葉を交わし、無意識に視線を送ります。その現れ方もさまざまですが、もっともよく表しているのは〝笑顔〟でしょう。

笑顔は意識的に作る場合もありますが、ほとんどの場合、勝手にあふれ出てきます。楽しいとき、うれしいとき、大好きな人と一緒にいるとき。**幸せを測るもっともわかりやすい基準は〝笑顔〟です**。それは万国共通、とてもグローバルなものです。そして伝播して多くの人を和ませ、たくさんの人を笑顔に変えていきます。

進化の賜物！人の表情筋

日本人をはじめアジア圏の人は、欧米人に比べて表情筋が少ないのだそうです。その医学的真偽はともかく、欧米の人たちは会話でとても表情を使います。私たち日本人からすると、そんなにオーバーにしなくても、と思うときもあります。

これは使う〝文字〟に関係があると言われています。日本語は中国から渡ってきた〝漢字〟つまり表意文字を使います。言葉を発するとき、同時に文字を想像しながら会話をしています。ところが、欧米の言葉は表音文字であり、文字自体には意味はありません。そのぶん表情などで意味を補っているというのです。

つまり、私たちは文字のイメージを共通認識にコミュニケーションをしているけれども、表音文字を使う人々は、言葉の発音や顔の表情でイメージや感情を補う分、表現が大きくなるのです。双方とも素晴らしい文明と文化を育んで優劣はありませんが、グローバルな時代に、共通認識であるイメージ（＝漢字）を持たない相手とコミュニケーションの機会が増えるにつれて、私たちも表情の表現力を磨く重要性が高まっています。

人の頭部はたくさんの筋肉で覆われています。30種類以上、あるいは50種類以上という見方もあります。その筋肉（皮筋）は直接皮膚につながり、顔面神経を通じて脳からの指示にしたがって細かい動きをすることができる、とても進化した筋肉です。緊張状態のときに歯を見せ合うことで互いに敵ではないと示す猿（クロザル）がいますが、霊長類の中で、これほど豊かに喜怒哀楽の感情を顔の表情で表すことができるのは人間だけです。それは私たちの祖先が、集団生活の中で細やかなコミュニケーションが必要だった結果であり、その発達は表情筋を駆使することで相手に敵意がないことを示して争いを避け、喜びや哀しみを共有し、共感しながら結束を強めてきた証なのです。

―おもな表情筋―

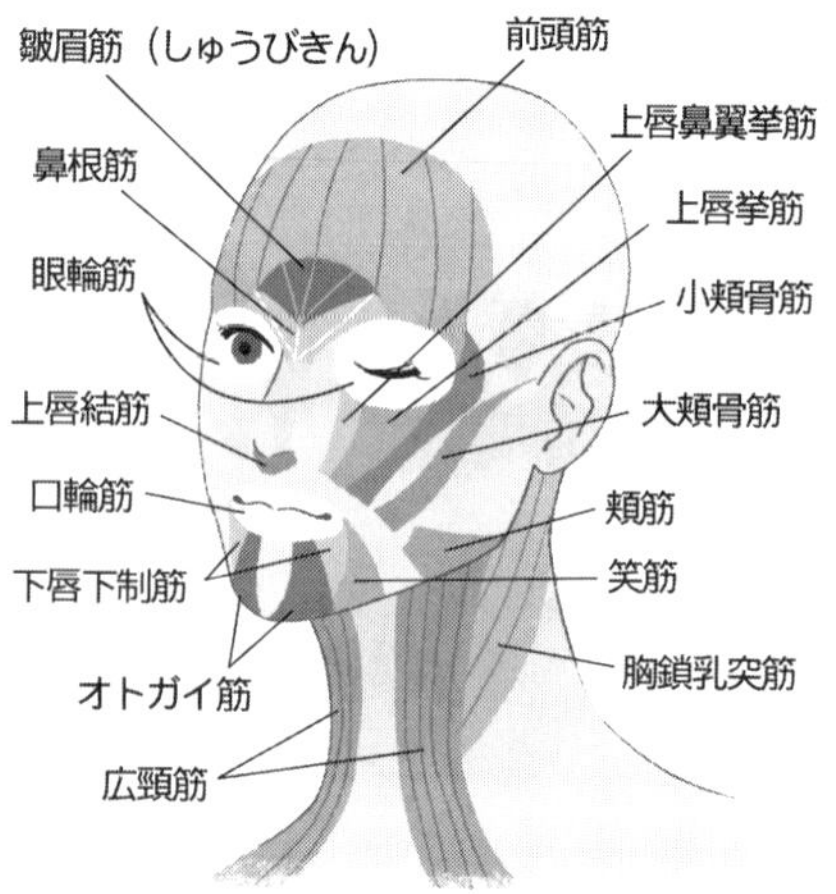

表情のフラット化が進んでいる!?

しかしその豊かな表情筋も、使わなければ退化していきます。私はボイストレーナーをはじめて25年ほどになりますが、個人差はあるにしても、若い人の表情が年々少なくなっているように思います。しかも『嫌そうな顔』をしている人が多くなっていると感じます。

深く知り合ってみると、その〝嫌そう〟にみえる表情は別に嫌なわけではなく、少し不安だったり緊張していたり困っているときだったり、忙しかったり普通の気分だったりもするのです。うれしいときはふっと笑顔になりますが、あっという間に消えてしまい、見逃してしまいそうです。無表情だなぁと感じる人と親しくなって話を聞くと、その人が結構楽しんでいることに驚かされることも少なくありません。

表情のフラット化は確実に進んでいます。感じていることが表情から読み取れないケースが多くなっていることが心配です。特に理工系の学生やゲームにハマる若者、ＰＣやゲームやスマホと長く接している人にその流れの先端を感じます。冒頭の『テナンの悲劇』まではいかなくても、悲しい誤解に繋がらないといいけれど、と危惧しています。

みなさんは自分の表情をどのくらい把握していますか。自分の表情は、自分の気持ちを、ちゃんと表現していますか。テナンのように相手に誤解を与えてはいないでしょうか。

公の場でも日々の生活の中でも、自分の意志や意図は、なるべく誤解を受けずに相手に伝えたいものです。しかし社会が便利になるにつれて、意志や感情を表情以外で伝える機会が増えています。新しくてスピーディーなメディアを使うことで、気がつかずに私たちは表情筋を退化させているのです。

しかも、人の心の底まではなかなか表現してくれません。そこに危うさが隠れています。便利なメディアを否定するつもりはありません。私も恩恵に預かりたいと思います。ただ、それらが感情や意志を伝えるのにふさわしいメディアであるかどうかは、疑問です。そこの使い分けを学ぶ必要があります。そして心の機微を伝えるために、祖先たちが進化させてきた〝表情〟という能力を、私たちは日々を豊かにするために磨かなければいけないのです。

表現筋の体操〈表情筋のワーク1〉

それでは実践に入りましょう。自分は表情が暗いなぁ、と感じている人は、ぜひやってください。これをまめに行うと、神経と表情筋とのつながりが良くなります。また、自分は笑顔が引きつるなぁ、と思っている人は、表情筋の動きをスムーズにすることで、柔らかな表情が生まれます。まずは部分ごとに動かしていきましょう。最初は鏡を見ながらやってください。

①目の周囲

目の周囲の筋肉を動かします。まずは眉の上げ下げです。心の中で「イチ・ニ・イチ・ニ！」とリズミカルに動かします。2章でやった、まぶたの開け閉めや眼球も動かしましょう。そのときまぶたの開け閉めに使う筋肉を意識して、大きくまぶたを見開いたりつぶったりすると、頭蓋骨に沿って耳の後ろや頭頂部の筋肉が動く感覚がありますか。まぶたを開けるのにかかわる筋肉が、頭頂部や耳の後ろまで伸びているのです。

その感覚があまり感じられないようだったら、表情筋をあまり使っていない可能性が高いでしょう。いまからでも遅くはありませんから、つながる筋肉を意識しながら、目を見開く、眼球動かす、を繰り返してください。また、目の焦点を遠くにしたり近くにしたり、視野を広げたりして、目の奥の筋肉がどんなふうに動くかを意識してください。

②頬骨

―眉の上下とまぶたの体操―

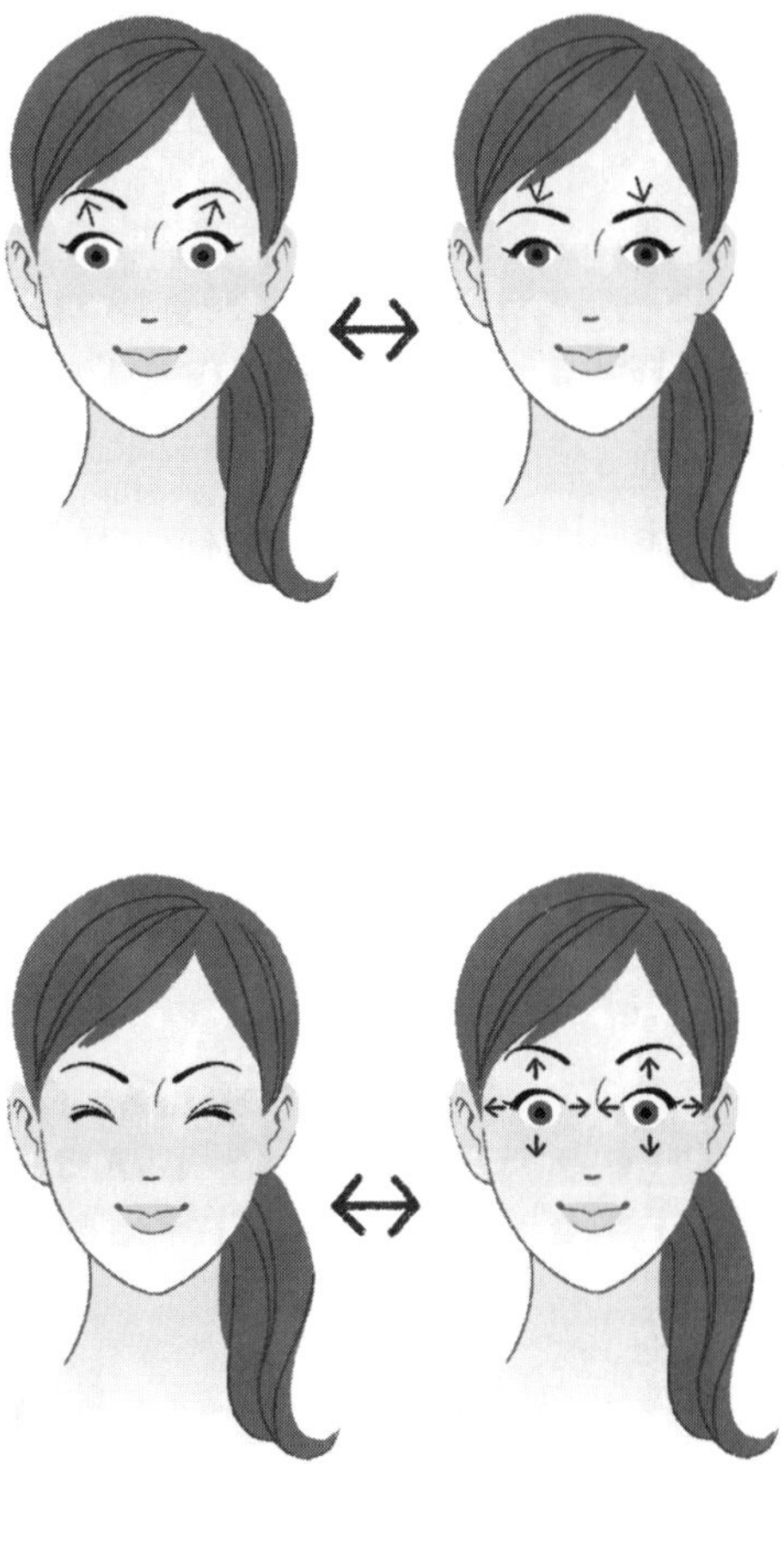

頬骨を動かす筋肉は、笑顔をつくるのに欠かせない筋肉です。いくら目や口が笑っていても、頬骨が落ちているとなんとなく暗い印象になりがちです。
　頬骨を持ち上げることができますか。これも心の中で「イチ・ニ・イチ・ニ！」とリズミカルに動かしてみましょう。頬骨を動かす筋肉も目と同様に、耳の上の方からこめかみへとつながっています。意識できますか。こめかみのあたりを触ると一緒に動いているのがわかります。長時間パソコンに向っていたときなどに、目の体操と一緒にやると頭がはっきりします。笑顔を作り、表情を若々しく保つ上で大切な筋肉ですから、習慣づけてぜひ動かしてください。

―頬の体操―

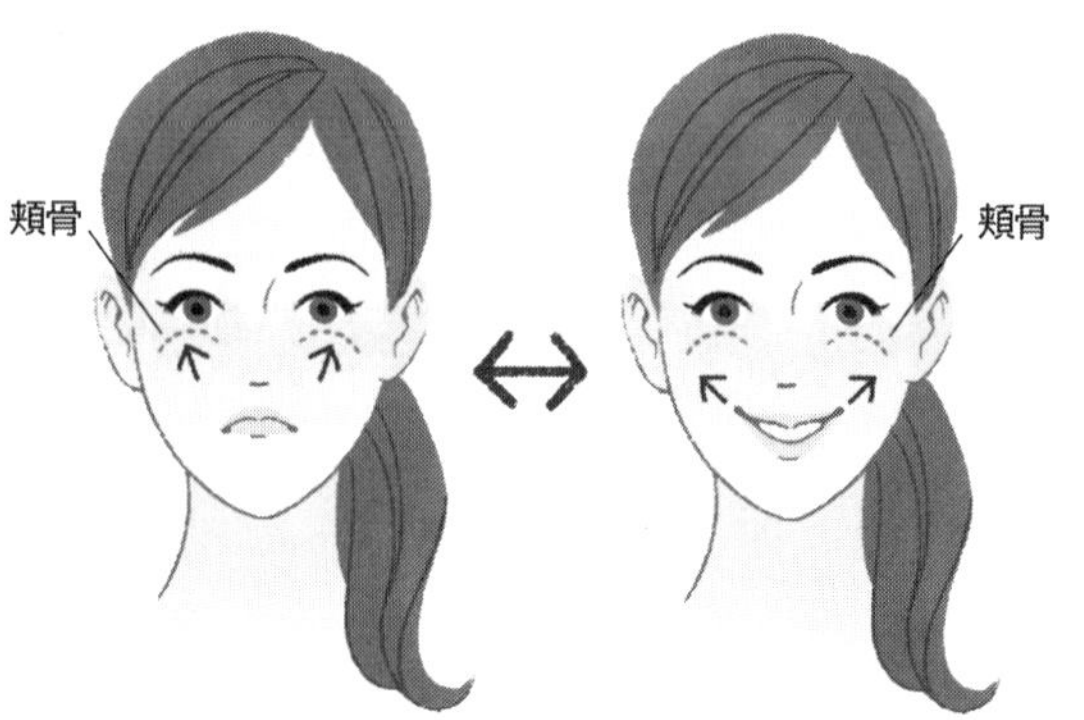

③口の周囲

　今度は口のまわりです。口角を両側に引き上げて「イ～」と言いながら数秒キープ→おろす。唇を尖らせて「ウ～」と言いながらキープ→戻す。口を「ア～っ」と大きく開けて数秒キープ→

口のまわりの体操
—「イ〜」「ウ〜」「ア〜」—

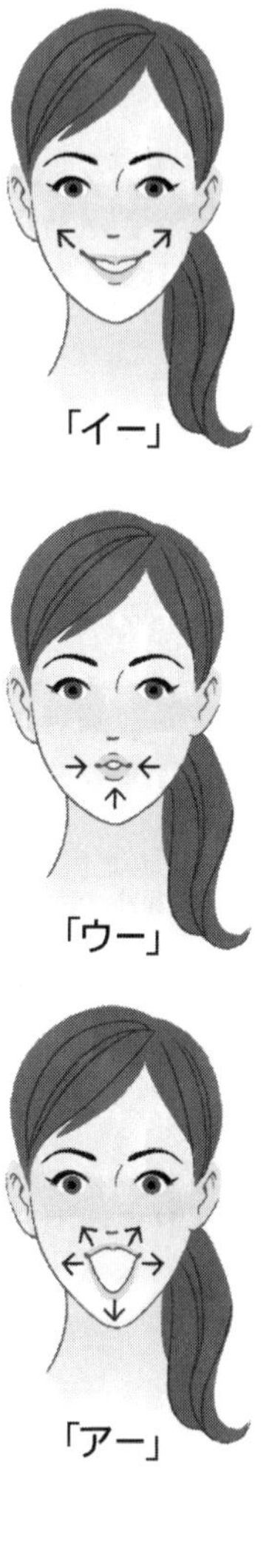

戻す。これらを数回ずつ繰り返しましょう。力を抜いて柔らかく行うことがポイントです。特に「ア〜」のときは、力任せに開けると顎《がく》関節を痛めることがありますので、力を抜いて徐々に動かしましょう。

次に口角を真横に引いて下の歯を見せましょう。歯茎まで見えるくらいに上の前歯も下の前歯も見せてイ〜っと開けるのです。そのときに、エラのあたりに少し力を入れると、首の筋肉が引っ張られるのがわかります。この筋肉はスマホばかり見てうつむいていることの多い現代人が、あまり使わなくなっている筋肉ですから、しっかり動かしましょう。アンチエイジングにも有効です。

続いて舌先を軟口蓋《なんこうがい》の歯の付け根につけてグッと上に押してください。舌の付け根やあごまわりの筋肉を鍛えます。鏡を見ると喉のところの筋肉が動いているのがわかります。この体操は表情のためだけではなく、発声や滑舌のためにも良いですし、美容的には顔のたるみを防ぎ小顔を作る体操にもなります。

①②③を数回繰り返すだけでも、続けると表情筋の緊張がほぐれて、使いやすくなってきます。力を入れ過ぎないで、ゆったり動かすことが柔らかい表情を作る上で有効です。

これも声のトレーニング同様に、あまり考えすぎず、朝の洗顔時やデスクワークで疲れたとき、入浴時や就寝前などにやるなど、自分なりのルーティンを作り日常生活の中で定期的に動かしてください。

表情の五段階活用〈表情筋のワーク2〉

表情に自信のない人のためのトレーニングです。

多少演劇的ですが、気持ちと表情のつながりを良く

—口とエラの体操—

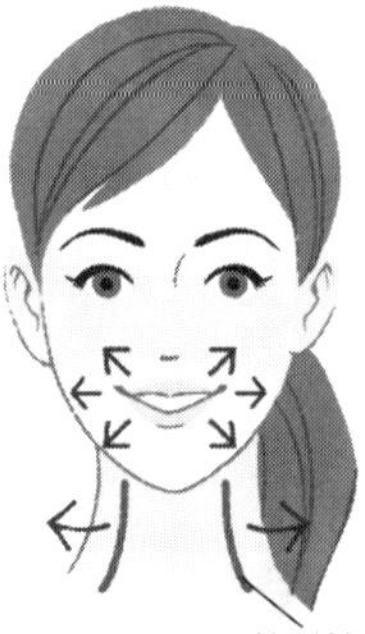
矢印方向に引っぱっては休む
首に筋があらわれる

舌先で上あごを持ち上げる体操
—（小顔体操）—

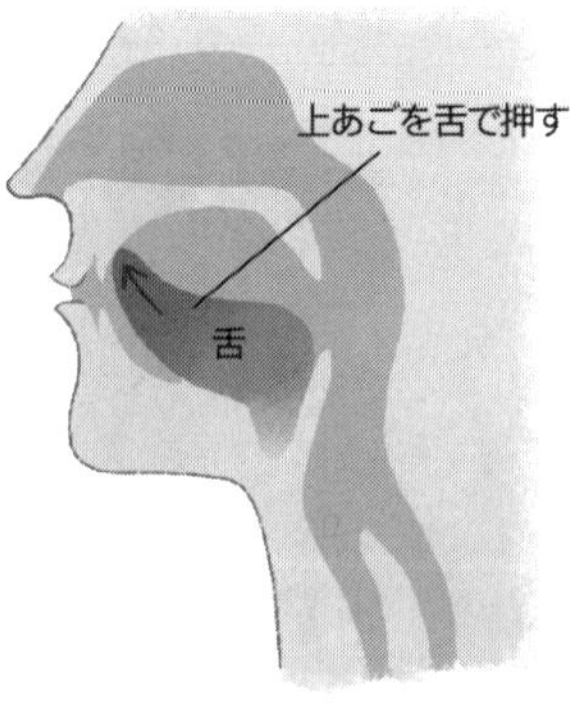

するための訓練です。鏡に向かって表情をつくってください。独りのときにやれば恥ずかしくはありません。感情も込めて楽しんでやってください。

①泣き顔

まず泣き顔をつくってください。泣き顔といっても、状況で表情はちがいます。甘えたような泣き顔、人の悲劇に同情して悲しくなるときの顔、哀しみを我慢しながら涙がポロリと流れるような泣き顔、オイオイと泣き崩れた顔、そしてうれし泣きなど、泣き顔だけで少なくとも5段階くらいはやってみましょう。もしやっているうちに本当に涙が出てきたら、あなたは役者の才能があるかもしれません。

②怒った顔

怒っている顔です。思わずムッとしたときの顔、いい加減にしてくれ！と言いたくなるときの顔、喧嘩のときに相手をにらみつけている顔、憎しみが最大級でからだがワナワナと震えるくらいに怒っているときの顔など、気持ちのテンションも表情とともに上げていきましょう。本当に腹がたってきても、物を壊す手前で止めてくださいね。

③笑顔

なんとなくうれしいときの顔、緊張状態で引きつった笑顔、久しぶりに会う親友に向ける笑顔、ずっと探していたものが見つかったときの顔、宝くじが当たった瞬間の驚きから喜びに変わっていく笑顔、恋人との楽しい時間を過ごしている自然な笑顔など、いろいろなシチュエーションの笑顔を、なるべく〝作り笑顔〟にならないようにその〝気持ち〟からつくっていってください。

感情によって表情は変わりますが、表情をつくることによって記憶が蘇ってきたり、感情が湧いてきたりしますから不思議です。役者の訓練は、こういう作業を繰り返すことで、芝居のリアリティをつくっていきます。繰り返し動かすことで表情筋が強化され、脳で感じている感情と表情筋とをつなぐ神経が活性化して、次第につながりがスムーズになっていきます。

④変顔

少しスキルアップしましょう。自分とにらめっこをする要領で、鏡に向かって変顔をしてみましょう。なにかのモノマネでもかまいません。ちょっと恥ずかしい人は、自分の変な顔に慣れることから始めましょう。

実際にやってみると、楽しくなってきませんか。もし楽しくなってきたら、携帯電話やデジカメなどで変顔の自撮りをしてみるのはどうでしょう。どんどん新しいバージョンを加えてコレクションができていくと、いつのまにか表情筋と伝達神経が鍛えられています。

変顔ネタのコレクションが増えてきたら、思い切って人に見せてみましょう。あなたがそれを人に見せる気持ちになっていたら、表情に自信が持てるようになっているはずです。そして互いに見せ合うと楽しくなりますから、〝変顔を見せ合う仲間〟が増えていくうちに、いつのまにか、あなた自身がユーモアあふれるエンターテイナーになっているでしょう。

歌は表情筋を鍛える最高のトレーニング法

表情筋と伝達神経を強化するための訓練法についてお話ししましたが、本当はもっと効率的で楽しい方法があります。それは〝歌うこと〟です！　ボーカリストに無表情な人が少ないことを知っていますか。

なぜなら、歌うためにはまず口を大きくあけます。また、頬骨を引き上げると声が良く響くようになります。頬骨を上げる筋肉は、笑顔をつくるのにもっとも大切な筋肉です。発声練習（☞第Ⅰ部5章）をするだけでも、表情筋は一緒に動きますのでトレーニングになります。さらに歌詞のある歌を気持ちを込めて歌うことは、細かい表情を豊かにする訓練にもなります。

ボイストレーナーとして専門的にいえば、目の後ろ側にある筋肉や額から頭頂に続く筋肉、そして頬から耳の方向に伸びる筋肉も声を響かせるのに使う筋肉です。それらを刺激することで声も出るようになるし、表情筋も鍛えられるし、声が響けば楽しくなるし、と良いことづくめの相乗効果です！　楽しくなればさらにリアルな笑顔に磨きがかかります。

心の弱さを映し出す〝照れ笑い〟

同じ笑顔にもさまざまな質（クオリティー）があります。もちろん美人やイケメンの笑顔はすてきですが、そういう話ではありません。心からうれしいときの笑顔、相手を安心させるための笑顔、傷ついた心を隠すための笑顔、あざ笑う笑顔、愛想笑い、どうして良いのかわからなくてつい出てしまう笑顔など、あるときは本音で、あるときは自分の気持ちを隠したり、駆け引きしたりと、笑顔の裏にある感情もさまざまです。

そして、できれば公の場所で避けたい笑顔があります。それが〝照れ笑い〟です。愛想笑いとも似て、東洋的で日本人に親しみのある笑い方です。また個人的な関係での照れ笑いはその人のシャイな性格を表すもので、けっしてネガティブに受け取られるばかりではありません。しかし公の場所では基本的にＮＧです。

照れ笑いはその場所や行為、あるいはその相手に対する居心地の悪さから反射的に現れる表情です。公の場では「私はこの場所にいたくない」「私はこの行為をやりたいわけではない」

「私はあなたに対して伝えたくはない」という思いを、笑顔で和らげながら表していることになりかねません。それはその機会を放棄しているのに等しく、けっして謙虚さや奥ゆかしさを表しているものではないのです。拒絶なら笑顔である必要はありません。そこを笑顔で和らげよう（ごまかそう）とする行為は、無意識ではあるものの、かえってその人の弱さを露呈させてしまいます。**自分の意志でその公の場に立ったときは、どんなに拙い手法であったとしても、最後まで伝えることに最前を尽くすべき**なのです。

ただ、照れ笑いをしている人がそれを自覚することがむずかしいのも事実です。人によって感じる基準が違ったりもしますので、第三者に客観的にチェックしてもらうことが大切です。

愛される自然な笑顔の作り方

私が思う最高ランクの笑顔は赤ちゃんの笑顔です。赤ちゃんの笑顔を見て、幸せな気持ちにならない人は少ないでしょう。幼な子のころはだれでも屈託のない笑顔を浮かべていても、人は成長するにつれて〝自然な笑顔〟をつくることがむずかしくなってくるのはなぜでしょう。思春期を経て、傷つくことを経験し、笑ってばかりはいられない複雑な精神構造を構築して、人は大人になるのかもしれません。大人になっても自然な笑顔を振りまいている人もたくさんいます。また、だれでも自然な笑顔でいる時間は必ずあります。

自然な笑顔には相手の心を和ませ、自分を前向きにさせるパワーがあります。また緊張をほぐす効果もありますから、緊張に対しても強くなります。私は思春期以降の自然な笑顔もまた、ある種の訓練の結果だと考えています。表情は感情から発せられた脳の指令による筋肉の反応です。本当に心が喜び、心地良い環境や状況のときに無意識に現れます。つまり、自然な笑顔でいる時間の長い人ほど、自然な笑顔の訓練をしているといえます。

〝自然な笑顔〟のもっとも効果的なつくり方は、笑顔でいる時間を長くすることです。なるべく自然な笑顔でいられる人と長く過ごし、自然な笑顔でいられる仕事を選び、できる限り自然な笑顔でいられる人生をデザインすることです。

人生を〝笑顔〟を軸に考え始めると、少しずつ変化が起きてきます。人生とは選択の積み重ねですから、最初の分かれ道は小さな角度であっても、時間経過に伴い大きな差になって自分に返ってきます。そして気持ちは必ず人に伝播しますから、周囲に〝笑顔〟が増えていくことになるのです。

人間の表情は、素晴らしいコミュニケーション方法の一つです。自然な笑顔を作るため、なるべく笑顔でいられるように人生をデザインすることが一番です。

第5章

立ち姿は誇り高く美しく

初対面は表情・仕草・立ち姿がカギ！

たとえば、あなたが就職の面接官だったら、なにを基準にして採用する人を選びますか。スキルですか。そのときに交わした言葉ですか。表情ですか。それとも全体的な印象でしょうか。

たとえばお見合いで、初めて相手と会ったときに、あなたは相手のなにをよりどころに、断るか、もう1回会うかを判断するでしょうか。ルックスですか。笑顔ですか。年収ですか。それともなんとなくの直感でしょうか。

たとえば初めての相手との商談で、あなたは相手のなにを見て信頼に値するかを判断しますか。コンテンツですか。相手の肩書きですか。会社の規模ですか。それとも担当者の印象でしょうか。

初対面の場合、人は言語より非言語の情報で、相手を判断する傾向にあるのだそうです。初めて会った人に、いきなり本音を言う人も少ないでしょう。月並みな挨拶が交わされるなかで相手を見極めるには、言葉以外の表情や立ち姿、仕草に意識がいくのもわかります。緊張していればどことなくソワソワしますし、視線は好きなものを追いかけ、嫌いなものから逸らします。からだに染み付いた仕草には、その人の成熟度や経験値が見えかくれします。

第一印象が悪くても、良い関係が結ばれる場合はたくさんあります。しかし、初対面での印象が悪い場合、関係を継続することがかなりむずかしくなります。第一印象がとても大切であることは間違いありません。ならば、人生の大事な場面では、立ち姿だけでも胸を張って美しくいたいものです。

〝内なる誇り〟が立ち姿を磨く

『背筋をまっすぐに立てて、堂々と、しかも自然体で立つ』。立ち姿が大切だとわかっていても、いざという場面で突然できるものではありません。特に緊張しているときは〝くせ〟の影響が大きく現れます。一生懸命取り組んだ仕事のプレゼンテーションで、貧乏ゆすりのせいで落ち着かない印象を与えてしまったり、就職の面接で下を向いたり、背筋が丸くて自信なげに映ってしまっては残念です。

立ち姿は身体表現の基本です。プレゼンテーションや就職だけでなく、社会の中で自立して人生を切り開いていくために、美しい立ち姿はぜひ身につけてほしい表現のスキルです。ところが、大学で講義を行って、堂々と立つことが思いの外むずかしいことを知りました。メンタルと深い関係にあったからです。

立ち姿はその人のプライドを反映します。私は美しく立つためには、プライド＝〝内なる誇り〟が必要なことに思い至りました。そこで、学生に誇りについての質問してみました。予想はしていたものの、正面から自分の誇りについて語れる日本人の学生は、ほとんどいませんでした。しかも、しらっとした空気さえ流れます。

ところが、外国からの留学生に聞いてみると、彼らのほとんどが、自分の誇りについて堂々と述べるのです。しかも嬉しそうに語っています。私はこの差に愕然としました。もちろん、国を離れて並々ならぬ決意をもってきている外国人の学生と、普通の日本の学生を単純に比べることはむずかしいでしょう。国を離れているぶん、自分の国を想う気持ちも強くなっていることでしょう。

もちろん、日本人にも自分の誇りについて堂々と語れる学生はいます。でも、「誇りについて話してほしい」といったときの、しらっとした空気と、対照的にうれしそうに語る留学生たちとのギャップが、私は心にひっかかりました。

〝誇り〟を育て忘れてしまった戦後の日本

講義が終わったあと、何人かの留学生に声をかけて質問しました。

「あなたの国では、誇りについて話をする機会はあるのですか」

そのときには中国、イラン、アメリカ、サウジアラビアからの学生がいましたが、彼らが口々に、「自分の国では子どものころから誇りについて話す機会がたくさんある」と答えてくれました。そして「日本人はそういう話をしないのか」と、逆に不思議そうに質問されたのです。

日本人は謙虚で真面目な民族です。謙虚ですが、武士道などに象徴されるように、かつてはとても誇り高い民族でもありました。しかし近代に入って、排他的ナショナリズムで戦意を煽り、挙げ句の果ての敗戦でその誇りを大きく傷つけてしまって以来、日本の親たちは、子どもたちになにを誇りとして教えたら良いのかが、わからなくなってしまったのかもしれません。

私も、大学で講義をするにあたって、最初はメンタルなことまで話そうとは考えていませんでした。表現の技術を伝えようと思っていました。なにか迷いがあったり、自信のない状態で立つと、ちょっとした仕草や言葉で自分の弱さを露呈してしまうことは経験していたので、舞台に立つ上でプライドが大切なことは実感していましたが、学生の〝立ち姿〟を考えるうちに、彼らも同様であると感じ、はからずも私は、誇りとはどういうもので、どうやって育てていくものかを、改めて考えることになったのです。

〝誇り〟とは、なにかに愛着を持つ自分を評価すること

誇りってなんだろう。なんだか壮大に感じる言葉です。とてつもなく立派でスケールの大きなことを連想しがちですが、実は身近で些細なことでも良いのです。スケールは関係なく、ただ、なにに対して誇りを持っているのかという、自覚こそが重要なのだと思い至りました。

人はこの世に生まれて、かならずなにかに対して強く〝愛着〟を感じます。家族だったり、仕事だったり、ふるさとだったり、趣味だったり、対象は人それぞれです。「〇〇を思う自分は素晴らしい！」と愛着を感じる自分を認めることで、誇りは育ちます。〝自分への評価〟が、プライドとしてその人の内側から自信を湧き上がらせるのです。

自分が何に対して深く愛着を持っているかを自覚することは、表現力を育てる上で重要なことです。たとえ拙《つたな》い表現であっても、そのことを明確に認識していれば怯《ひる》むことはありません。心身を注いだ研究や仕事、来る日も来る日も続けた練習、家族を愛している自分、仲間と楽しんだ膨大な時間、離れても想いつづける故郷など、ひとつでもあれば良いのです。それを感じながら堂々と立つ練習こそが、美しく立つ近道なのです。国を代表する運動選手が、胸に握りこぶしを置いて立つときのように、あなたも自分の誇りを感じて立ってください。

あなたは何に対して誇りを持っていますか。

あなたが人生の大舞台に立つときは、あなたが大切にしている人やものを想い浮かべてから

臨んでください。それを胸に、背筋をピンと伸ばして美しく立って、チャンスをものにしてほしいのです。

家のあちこちに鏡を設置する〈身体表現のワーク1〉

あなたは一日にどのくらい鏡を見ていますか。

あるダイエットの記事に、『鏡を見る時間が多い人ほど太りにくく、また太ってもダイエットに成功しやすい』と書いてありました。なんとなくわかる気がします。鏡を見ながら自分を戒め、美しい自分を思い描いて、なりたい気持ちを高めていくのでしょう。これは女性だけではありません。

あなたが住んでいる家に、鏡はいくつありますか。思い浮かべて数えてください。また姿見（全身を映す大きめの鏡）はありますか。

もし、洗面所にしか鏡がなかったら、そしてあなたがこれから自分の身体表現力をアップさせたいと本気で思っているなら、家に鏡をなるべくたくさん置いてください。少なくとも自分がよく行き来する部屋には、かならず置きましょう。そして玄関先や着替える部屋などには姿見を置いて全身をチェックする機会を増やしてください。

1日の中でほとんど鏡を見ない人は、とにかく鏡を見る瞬間を増やすことです。自分を繰り返し見ることで、自分に対するイメージ力をつけます。そして自分の理想の姿を想像してください。前にお話したように（☞第Ⅰ部2章）、鏡を見て自分を悪い方に洗脳してはいけません。これから自分の理想の姿に少しずつ近づいて行くのだと念じてください。

だれにでも容姿のコンプレックスはありますから、短所を気にする必要はありません。それよりも立ち姿、仕草の美しさ、かっこよさを想像してください。「堂々と立つってどんな感じなのだろう」と、想像しながら立つのです。「自分が総理大臣になったら」と想像して立ってください。大企業の社長になって、ノーベル賞を受賞した教授になって、憧れのモデルや俳優になって、鏡の前に立つのです。自信に満ちて背筋を伸ばし、首をまっすぐ立てて、でも力を入れ過ぎずに自然に立ってください。

逆にわざとオドオドしたり、背中を曲げたりうつむいたりすると、どんな印象になるかを、鏡に映して遊んでください。できるだけ長い時間、好きな自分を鏡に映しましょう。えっ！恥ずかしい。誰も見ていませんよ。いいじゃないですか、どんどんナルシストになりましょう！

これは意識改革です。とにかく自分の理想的立ち方、動きを繰り返しイメージして、鏡を見ては修正するのです。鏡が各部屋にあれば否が応にも意識は高まります。そしてそのときに、あなたを支える『もっとも大切なもの』を意識しながら背筋を伸ばすことも忘れずに。

自分の動きを録画しよう〈身体表現のワーク2〉

鏡は自分をイメージするのには有効ですが、貧乏ゆすりなどの仕草のくせをチェックするのにはむいていません。鏡に映った自分は動作の断片であり、しかも見ている瞬間に意識が働きますから、無意識のくせには、なかなか気づけません。

自分の動きを客観的に知るには、録画することをお勧めします。自撮りが流行っていますが、自分を客観的に撮るには、第三者に録画してもらうのが良いでしょう。

プレゼンテーションを控えていれば、その発表の練習を録画するのが一番です。緊張しているときこそ、無意識のくせが顔を覗かせます。もちろんくせをすべてなくす必要はありません。くせであっても、その仕草が魅力的であれば武器になります。発表しているときの〝貧乏ゆすり〟のように、ネガティブな印象を与えかねないものだけを少しずつ取り除いていけば良いのです。

またその判断を独りで決めず、第三者の意見を聞くことも重要です。なぜなら、あなたの発表を評価するのも第三者ですから。自分はネガティブだと感じても、好感を持つ人がいたり、自分ではまったく気にならないことが、他人が見ると印象を悪く感じるなど、さまざまな感じ方を知ることが大切です。

表現力アップの近道 ―グループワーク

人の感性はさまざまです。私自身も自分の歌やパフォーマンスをとおして、人が驚くほど違う感じ方をすることを、教えられてきました。感じ方自体に、その人の個性と人生経験が反映されています。たとえあなたが失敗だと感じていても、それが良いと共感する人に出会ったり、成功したと思っても関心を寄せてもらえない場合もあります。

表現力を強化するには、自分の発表などを仲間に聞いてもらったり、互いにプレゼンテーションの練習を見て、感想を話し合うのが有効です。自分だけで何とかしようとせずに、同じ状況下の仲間とお互いに良くなるために足りないところを指摘し合うのです。本書でも何度か取り上げてきましたが、そういうトレーニング方法をグループワーク[※1]といいます。グループワークの原則は、「こうした方が良い」と伝え合うことですから、非難ではなく、愛情をもって感じたことを率直に伝えます。

そして、さまざまな感じ方を知った上で、最終的判断はあなたがするべきです。表現に技術

※1　グループワーク：グループで行うワークショップのこと。ワークショップとは本来、工房・仕事場という意味ですが、最近では芸術や創造活動、教育などさまざまな分野のスキルアップや問題解決のために、『参加者が実際に体験することを目的とした集まりやトレーニングの場』を指します。

はありますが、伝えたいのは人間性です。そしてその評価は、そこにどんな価値観をもった人が集まるかという不確かな条件に左右されます。ですから、悔いが残らないように、表現に選択肢がある場合、最終的判断は本人がするのです。

仲間を集め、必要ならば指導教官にも協力してもらい、ぜひ機会をつくって備えてください。

初対面のとき、人は相手の立ち姿や表情、仕草などの外見的要素から判断します。人生の重要な場面では、内なる誇りを感じながら堂々と美しく立って、自分を表現してください。

Column

からだの向きが示すこと

立ち姿とともに忘れてはならないのが、からだの向きです。相手に対して誠実さを示すには、からだを相手の正面に向けます。斜《はす》に構えるのは、疑いや不信を表してしまう場合があります。また背を向けるのは、基本的に拒絶を表しますから気をつけてください。忙しいときはからだの向きに気持ちが及ばなくなりますので、無用な誤解を招かないように心がけたいものです。

第6章

日々生活の中で〝伝わる身体〟を磨く〜歩き方と仕草の磨き方〜

身体的印象は立ち姿だけではありません。就職の現場では、企業は責任をもって仕事を任せられる人材を真剣にさがしています。面接は初対面ですから、言葉よりあなたの振る舞いに神経を集中させて、入室から退室までをチェックしています。その動きから、あなたの伸びしろと成熟度を見定めています。

プレゼンテーションでも、発表している瞬間だけがプレゼンテーションではありません。ステージに上がった瞬間から去る瞬間までが、プレゼンテーションです。

けっして格好をつけて歩く必要はありませんが、「自分は評価されるにふさわしい人間だ」と、堂々と自分らしく歩くことができるようにトレーニングしたいものです。ここでは、歩き方や仕草に自信のない人のために、日常生活の中でトレーニングする方法を提案します。

〝歩き方〟を意識して歩く

歩き方には長年のくせが、深くしみ込んでいます。あなたが歩き方に自信がないのであれば、その訓練に時間をかける価値は充分にあります。といっても忙しい日々です。歩き方ですから日常生活の中に訓練を取り込むのが手っ取り早いでしょう。まずは歩くときの意識を変えることです。就職活動やプレゼンテーションを控えている人は、通学途中や学校の中での歩き方を、トレーニングと思ってみてはいかがでしょう。

歩いている姿をたくさんの人に見られていると仮定して堂々と、しかしさりげなく歩いてみましょう。もちろん1日中ずっとでは疲れてしまいますから、通学や通勤時、学校や会社内だけと場所を限定することで続けやすくなります。

操り人形のように頭を上から吊られている感覚で重心は軽く、下腹を軽く引き締めて、猫背にならないように胸を張って歩いてください。力が入り過ぎると不自然になります。楽に歩けることが基本です。目線は正面を見ながら、黒目だけで左右を確認するのではなく、身体ごと見るように練習してください。でも足もとや急な障害物には、くれぐれも注意して行ってください。

動いている姿は鏡では確認しづらいですから、自分の歩いている姿をビデオに撮ってもらうのが一番有効です。よく洋画やコマーシャルのシーンで、主人公が街のビルやお店のウィンドウに映った自分の姿を気にするように、あなたも映った自分を見る度に、歩き方を意識する習慣をつけると良いと思います。まず1週間、次に1か月、と意識し続けて習慣になったころには、努力の結果が現れているでしょう。気を抜かずそのまま身に付くまで継続してください。

仕草の大きな人とつき合ってみる

仕草もほとんど無意識の影響下にあります。緊張したときほどくせが現れます。なのにいざ意識しても、なかなかコントロールできないのが〝仕草〟です。

感情とからだを動かす神経は連動しています。ですから、日頃からその神経を使っていないと意識的には動けません。一番効果が上がるのは、あなたがダンスなどの全身を動かす表現にトライすることです。

でもそこまでは、という人も多いでしょう。ならば、前にもお話したように、舞台などの生《なま》のお手本をたくさん観ることです。そして独り鏡の前でそのイメージどおりに動いてみることをお勧めします。舞台を思い出して印象に残ったセリフを言いながら、ボーカルの動きを思い出しながら、その役者になった気持ちで、ボーカルやダンサーの気分で遊んでください。その気になることが大切です。

身振り手振りをうまく使えるようにしたい場合、仕草の大きな人と仲良くするのも効果が期待できます。仲の良い人の口癖がうつった経験はありませんか。友人が流行り言葉をよく口にしていたら、いつのまにか自分も使っていた、ということはよくありますよね。近くにいて仲が良いほど影響を与え合います。

あなたが魅力的だと思う身体表現をする同性の友人をよく観察してください。ベストは一定期間なるべく行動を一緒にすることです。ともに行動する機会が増えると、その表現がいつのまにかあなたにもうつっている可能性があります。哺乳類の脳には、親しい相手の動きを真似てしまう仕組みが生まれながらに備わっています。それを利用するのです。

そういう人になかなかアプローチできない場合、関心をもって観察することでイメージを得る手だてになります。そのうちに仲良くなる機会が訪れるかもしれません。

より大きな身体表現を求めるならば、外国の人や海外育ちの友人をつくるのも良いでしょう。その出会いはあなた自身にはもちろん、相手にとっても有意義なはずです。文化的なギャップや育った環境の違いがあり、仲間になろうとするなかで、理解や機転が必要になり、思ってもみない友情や経験をえられるかもしれません。

ゼスチャーゲームで遊ぶ

大人になると、みんなでからだを動かして遊ぶ機会は多くありません。仲間内で飲みに行ったり、サークル活動をしたり、ということはあるでしょう。そういう機会にゼスチャーゲームをすることをお勧めします。

ただ、あなたが突然「ゼスチャーゲームやろう」と言ったら、友人は、ちょっと引くかもしれませんね。でも身体表現力をつけることを考えるならば、ゼスチャーを使ってみんなでクイズをしながら遊ぶことは、とても良い訓練になります。しかも楽しいですから、やらない手はありません。主旨をよく説明して、理解してくれる仲間をつくってぜひトライしてください。

やり方は、出題者がお題を決めて、そのお題をからだの動きだけで表現して当てる、ルールは単純です。チーム戦にすると、より盛り上がります。チームごとにゼスチャーする人と回答者を決めて競います。細かいルールは自分たちで工夫してください。要はゼスチャーで物や事柄を全身で表現する機会をつくれば良いのですから。

1回きりでなく、繰り返しやることで効果が出ます。遊んでいるうちに、気がつけばあなたもボディーアクションが得意になっていることでしょう。

子どもと遊ぶ

子どもはまだ自分の気持ちを言葉にするのが得意でありません。そのぶん、互いのコミュニケーションの中で五感を鋭く使って生きています。特に幼児から小学校低学年くらいまでの子どもは、本気で何かを伝えようとすると、言葉と同時にからだが動きます。私たちも子どもだったわけですから、幼い頃は、からだ全体で想いを表現していたにちがいありません。彼らと話すとそのときの感覚が蘇ってくることがあります。

私も子どもと接する仕事が多いので、彼らとコミュニケーションを取ると自然とからだが動くのを感じます。そういう状態のときの脳の使い方は、大人と少しちがうようです。言葉と運動神経がシンクロして動いているような感覚になります。子どもと接することは、そんな能力を少しだけ呼び覚ましてくれる機会になるのです。

歩き方や仕草は、日常生活で意識し続けることで磨くことができます。そのためには自分のくせなどを客観的にとらえ、なりたいイメージをクリアに持つことが大切です。

第7章 リアクションとホスピタリティ

今までは伝える力、おもに表現についてお話してきましたが、ここでは受け取る側の話をしましょう。リアクションはコミュニケーションの中でも大変重要です。特に表現力にコンプレックスを感じている人は、まず、リアクション力を高めておくことが、コンプレックスから解放される大きな力になります。

銀座の〝ナンバーワン〟は、みんな聞き上手

以前に、深夜のテレビ番組で、銀座のクラブの〝ナンバーワン〟ホステスさんたちを取り上

げた番組がありました。そこには、ゲストとして銀座のクラブのそれぞれの店でナンバーワンだという女性が20人ほど出演していて、日常生活やバックグラウンドを紹介していました。

もちろん天下の銀座のホステスさんですから、どの人もとても小綺麗にしていましたし、考えてみれば多少の演出があったのかもしれませんが、美人というよりは個性的だったり、ちょっと太めだったり、年配だったりしたのです。そして番組では、彼女たちの自宅や昼間の行動をカメラが追っていて、普段は見ることのできない彼女たちの努力を伝えていました。

ひとりの女性は、客と話した内容を帰ってから記録し続けたノートを、たくさん残していて、まるで会社の事務書類のように、整然と期日順に棚に並んでいたのが印象的でした。そこにはその人の趣味や家族関係、若い頃の経歴や会社での悩み、話題に上がったことや印象、聞いてはいけないと感じたことまでも、事細かに記録している門外不出のものなのだと語られていました。その几帳面さと、ノートの量の多さと、ホステスという仕事に真剣に取り組む姿に感心したことをおぼえています。

そんな彼女たちが口々に言うのは、自分が話すのではなく、相手の話したいことに耳を傾け、しかもそれを死ぬまで他人には言わないこと(ここが凄い!)。それが自分たちの仕事なのだと言っていたことが、強く印象に残っています。

〝相づち〟が相手の「話したい心」を開いていく

でも、彼女たちはどうやってたくさんの男性の秘めた心の声を引き出し、長いあいだにわたりお店に通い続けさせるだけの気持ちをつなぎ止めることができたのでしょう。

それは、きっと彼女たちが「すごい美人ではなかった」ということも、ポイントだったように思うのです。とても美しい人には多くの男性が集まり、男性はそういう女性を喜ばせようとします。そして彼らはその女性に対して少々緊張感をもって接しています。彼女たちの反応に一喜一憂もするでしょうし、引っ張りだこの女性に対するちょっとした愚痴も言いたくなったにちがいありません。

銀座のクラブも激しい競争社会です。そんな愚痴を気楽に話せる相手として、ナンバーワン予備軍たちは自分の生き残るチャンスを見出していったのでしょう。移り気な男性たちは、次々に美しさや色っぽさへと心を変えながらも、愚痴や不安な思いに黙って〝相づち〟を打ってくれる〝口の堅い女性〟を次第に大切にするようになったのです。私には、銀座のクラブの片隅で、夜な夜な静かに営業戦士や経営者たちの話に相づちを打ち続ける彼女たちの姿が、見えるような気がしました。

すみません、ちょっと妄想が行き過ぎましたね。

コミュニケーションは一方通行ではありません。受け取る側のリアクションが伝える側の表現をあと押しします。相手の話に興味を持ち、さりげなくもっと聞きたいと意思表示をすることで、さらに伝える人の思いを引き出します。〝相づち〟が相手の『本当は誰かに聞いてもらいたい』という気持ちに触れて、その気持ちを応援したり慰めたりすることで、スムーズな会話の循環が生まれるのです。

肯定的なリアクションがコミュニケーションをスムーズに循環させる

相づちは相手の話に関心があると、動作で伝える〝リアクションの表現〟です。

相手に対して同意する肯定的なリアクションは、コミュニケーションを循環させる推進力になります。笑顔で大きくうなずくことで、相手の話したい気持ちをあと押しします。

「そう〜」「そうなんだ〜」「わかるな〜!」「たいへんだね〜」などの、言葉をはさむことも有効です。「でもさ」「ちがうよ」などの否定的な言葉や無表情な態度は、相手の話したい心に水を差します。

はじめは軽い気持ちでぽろりと話したことが、相づちを打ってもらうことで、次から次へと話したいことが浮かんでくることは、だれにでも思い当たるでしょう。特に心にストレスを抱えている場合、話すことで心が軽くなることが多く、いまでは医療や介護の現場でも傾聴の重要性が語られるようになっています。

相手の思いにただ耳を傾ける傾聴には、相づちが欠かせません。相づちがないと、話し手は相手が聞きたくないのではないかと不安になって、話が続けられなくなったり、同じ話を繰り返してしまったりします。相手の話に耳を傾けるときには、相づちは必要不可欠なのです。

相づちの上手な打ち方とその効果

私たちは人の話を聞いているときに、つい相づちを忘れていることはないでしょうか。聞くのに夢中になって忘れてしまうこともあります。でもはじめは聞いているつもりでも、次第に意識が他のことに行ってしまったり、気になった言葉に捕われて、その先の話が耳に入らなくなったりすることはあるでしょう。

相づちは相手に関心があると伝えるだけでなく、聞く側の関心を継続させる効果もあります。いつのまにか話についていけなくなりそうなときも相づちを打っていると、会話が継続しやすくなります。相づちを打つことで、脳が話をしている相手に対する集中を、呼び戻すのではないかと私は感じています。ですから相づちは相手のためだけではなく、双方にとって良い効果があるのです。

日頃から、相手の話を聞くときに心がけている人もいるでしょうが、日々の生活の中で、友人の話や目上の人の話には必ず〝相づち〟を打ちながら聴くように心がけてみてください。講義中に教師の話に相づちを打つのも良いと思います。相づちも上手下手があります。ポイントはタイミングです。相手の話すテンポに合わせて打ちます。

また、1対1や2～3人くらいの人数の少ない会話のときは、うなづくだけでなく、声も使うとさらに効果的です。「へぇ～!」「そう～!」「あ～」「なるほど」「そうですか～」など肯定的な雰囲気をつくると話は進みます。その語尾は短く切るより、軽く流すくらいの方が、相手が次に言いたいことを言葉にするための〝間〟を作ることができて、より相手を楽にさせます。といってもケースバイケースですから、決めてかからずに相手を感じながら〝相づち力〟を磨いてください。

暮らしの中で使っているうちに、必ず良いタイミングの相づちが打てるようになります。相づちは相手の表情を見ながら、できれば笑顔で打ちましょう。笑顔が共感の気持ちをより相手に伝えます。自分の気持ちに嘘をついたリアクションは返って相手に反感を抱かせる可能性がありますが、共感の気持ちを少々オーバーに伝えるのはOKです。相手は格段に話しやすくなります。

人は面白い話をする人も好きですが、自分の話を一生懸命聞いてくれる人を嫌いに思うことはまずありません。ただし、1対1で話を聞く場合は、親身になって話を聞くほど、口の堅さも必要になります。秘密を聞き出すというよりは、相手の心を軽くする、そんな**雑談力**を使いながら耳を傾けてください。

●相づちのポイント

①相手の話すテンポに合わせる。

②笑顔でうなずくなど、肯定的な雰囲気を作る。（少しオーバーなアクションもＯＫ）

③人数の少ない場合には、「へぇ〜」「なるほど〜」など、リアクションを声にだすのも有効。

聞き上手が相手のパフォーマンス力を高める

良いパフォーマンスがオーディエンスを盛り上げることはたくさんありますが、逆にオーディエンスのリアクションが、良いパフォーマンスを引き出す場合もたくさんあります。自分がオーディエンスの場合は良いパフォーマンスになるように、リアクションで盛り上げることも素晴らしい行為です。パフォーマーは孤独です。リアクションが良いことほどありがたいことはありません。

学校で先生が一方的に話をしていて、学生がつまらなさそうに聞いている講義もあれば、学生が先生を真剣に見つめて時々笑いが起きたりしながら進んで行く講義もあります。それは先生の人柄や伝える力によるところが大きいのでしょうが、積極的な学生がいることで先生のパフォーマンス力が上がるという場合もあります。部下の話を真剣に聞く上司が社員のパフォーマンスを高めていることもあれば、親が子どもの話にじっくり耳を傾けることで、子どもの心を軽くし、自信と表現力を豊かにしている場合もあります。

発信者に対して受信側が共感していると伝えて、良い循環を作るための有効な行為、それが〝相づち〟です。相手への関心と共感そして気遣いです。**相づちはホスピタリティ（おもてなし）の表現**なのです。


あなたが眠くてたまらない『つまらない講義』や、めんどくさい『上司の話』も、あなたのリアクション次第で、楽しい講義や会話に変えることは不可能ではないのです。

リアクション力を高める〝褒め上手の術〟と〝オウム返しの術〟

ここでさらに会話を弾ませるのに知っておくと得になる2つの『術』を紹介しましょう。

まずは相手を褒めることです。それには日頃から相手の〝良いところさがし〟することから始まります。あら探しの逆です。うそだと相手にわかってしまうような褒め方はNGです。少しでも良いと感じたところを褒めるのです。

会話を弾ませたいときは、少しオーバーに褒めましょう。人は褒められて悪い気持ちにはなりませんので、うれしくなって饒舌《じょうぜつ》になります。相手の話したいポイントが見えてきますし、相手が心を開くことでこちらも楽しくなるので会話が弾みます。それでもなかなか良いところが見つからない場合は、『あらさがし』の〝あら〟を褒め言葉に変換して言ってみましょう。うそにならず説得力が生まれることもあります。

もう一つは〝オウム返し〟です。これは話し手に伝えたい思いがたくさんあるのに、どこから切り出して良いかわからないような場合や、言いたいことがまとまっていなくて話がつまってしまったときなどに有効です。

「それが…」と言葉が詰まってしまった場合、少し待ってから「それが？」と聞き返すと「それがね、実はあの人がこの間…」というふうに言葉が続いていくのです。

言葉が詰まっているときは、相手がもう聞いてくれないんじゃないかと焦ってしまいがちです。それをのんびりとした口調で、しかも自分の話した言葉で繰り返してくれることによって、相手が自分の言葉を待っていてくれるんだと安心して、気持ちが楽になるのです。

話が脱線したときや、まとまらずに空中分解しそうなときも、論点の方向を補正するのに、オウム返しは有効です。どんなときでも、少しゆったり目にやさしく繰り返すのがポイントです。あなたの繰り返す言葉の選択によって、話題が変わっていきますから、相手の話したい話題を察知したり、自分自身の好奇心に沿ったり、結論に向かわせたりすることができる、奥の深い技法です。「あなたの話がもっと聞きたいのだ」と意思表示する〝オウム返しの術〟は、話し手の気持ちを楽にして話に集中させる、ちょっと高度な聴き方です。

年齢が若いほど受信力は高い⁉

若い人と接していて、彼らの『人の心を感じる力』の高さに驚かされます。特に、ゼスチャーのワークをしているときに、強く感じます。お世辞にもうまいとはいえないゼスチャーであっても、みんな見事に相手の思いを汲み取っていくのです。子どもは五感で人を理解しますが、若い分だけその感覚が強く残っているのでしょう。

さらに、〝人の心に寄り添おうとする心〟を強く感じます。自分のことを話すグループワークで、だれかの心の弱い部分に触れたとき、大げさに取り上げることなく、反射的にただ理解して寄り添おうとする心。その謙虚さと優しさを表情には表さないので、はじめは気がつきませんでした。次第にそのことが見えてくるに従って、驚き、素晴らしいと思うようになりました。若いみなさんの受け取る力のスキルの高さが、もっと社会の中で活かされて行くことを期待しています。

相づちは相手の話に興味があると伝えるリアクションの表現です。このリアクション力を高めると、あなたのコミュニケーション力はさらにアップします。

第8章

〝間〟の極意使いこなしたい

私たちは子どものころから「間が悪い」とか「間の抜けた」「間に合う」など会話のなかで〝間〟という言葉を繰り返し使い、耳にしてきました。また〝人間〟〝世間〟〝時間〟〝隙間〟など、私たちが頻繁に使う単語にも〝間〟の入ったものがたくさんあります。それは時間や距離、空間、次元さえ超えて便利に使われている言葉です。

ここでは表現の観点から、①距離的〝間〟②空間的〝間〟③時間的〝間〟④心理的〝間〟、の4つについて考えてみましょう。

本能的に知っている距離的〝間〟の感覚

たとえば電線にとまっている鳥と鳥の距離がおおよそ均等だったり、夏の河原で涼んでいるカップルとカップルの距離など、干渉し合わない〝ほど良い距離〟ってありますね。

一つのベンチに座るにしても、全然知らない人どうしの場合と、知り合いどうしでは間隔に違いがあります。そして恋人や親子だと距離はさらに近くなりますが、喧嘩しているとその距離は遠くなります。

動物は本能的にほど良い距離をとり、その距離で気持ちを表しています。縄張りなどはその感覚です。人間も同様です。演劇を志す人はこの距離の感覚を磨いて、描く人物像やその関係性を距離でも巧みに表現できるように訓練します。

芝居のなかで裏切り者の心理や、セリフに描かれない密やかな恋愛関係を想像させるのもこの距離的な〝間〟です。この「言葉で説明するのではなく、人と人との関係を距離で表現する」という手法は、演じる側だけが理解していても成立しません。観客もこの感覚をわかっているからこそ、舞台や映像や絵などにおいて、その関係性をちゃんとイメージできるのです。つまり誰でも本能的に感じる感覚なのです。

でも自分が表現する側に立ったとき、心に余裕がなくなると、この〝間〟をついつい忘れがちになることがあります。

芝居だけではありません。プレゼンテーションではオーディエンスとの距離、面接では面接者との距離など、自分自身にとって楽な距離を感じ、同時に相手にとって自然な距離を想像する、『距離的〝間〟』に対する感覚を日頃から意識しておくと、いざというときに役立ちます。なんの準備もなくその場に立つと、立つ位置だけで自分自身の弱い気持ちを心ならずも露呈してしまうこともありますから気をつけたいところです。

また相手がお年寄りだったり、病人だったり、傷ついている人との『距離的〝間〟』のはかり方も、医療の現場や介護の現場に限らず日常のさまざまなシーンで、心に留めておきたい〝間〟の感覚です

距離的〝間〟は日々の生活の中で意識することで身につきます。むずかしく考えすぎず、自然に感じることが大切です。

空間的〝間〟の大きさと表現のスケール

『空間把握力』ともいいます。その空間の大きさによって声の出し方や表情、身体表現のスケールや言葉のスピードや〝間〟のあけ方は大きく変わります。

大きなホールで何百人ものオーディエンスの前で話すときと、小さな会議室で話すときとでは表現方法が大きく異なります。大きな空間では、こまめに動くことよりも、ゆったりと大きく

動いた方がわかりやすいでしょうし、たとえマイクを使っていたとしてもゆっくり話した方が伝わります。(時間的な)〝間〟の取り方もたくさんの人を前にすると、必然的に長くなります。表情やゼスチャーも大きく動かないと相手には伝わりません。細かい表情より〝動〟と〝静〟の変化を使う方法が有効だったりします。

逆に小さな部屋で大きな空間と同じことをすると、わざとらしくなってしまうことがあります。小さな空間では、より自然な表情や動きの方が相手は受け入れやすいでしょう。

この空間把握の感覚は、大小さまざまな空間でのパフォーマンスの経験を積むことで身につきますが、前もって経験できない場合には、想定される空間に似た場所で練習することをお勧めします。同じような広さの空間に立って雰囲気を感じるだけでも覚悟がちがってきます。そうした空間で仲間にパフォーマンスのスケールをチェックしてもらい、言葉や気持ちが伝わるかといった意見や感想を言ってもらうことができれば、対策が打てるようになります。

〝時間的〝間〟、それは相手が理解するための時間をつくること〟

表現においての〝間〟のなかでむずかしく、しかし効果が大きいのがこの『時間的〝間〟』でしょう。ぜひ使いこなせるようになりたい感覚です。

プレゼンテーションで、やおら話し始めるのと一息〝間〟を置いてから話し始めるのとでは、どちらが聴衆の注意を引くことができるでしょう。立て板のごとく淀《よど》みなく話すのと、とつとつと時々〝間〟を空けながら話すのとでは、どちらの方が話の内容が伝わるでしょう。そしてもっとも伝えたい要点のところでたたみかけるように話すのと、ひと呼吸置いてから話すのとでは、どちらの方が要点を強調できるでしょう。

人は頭の中でさまざまな情報を処理しています。これからあなたのパフォーマンスが始まるというときでも、聴衆は必ずしもあなたにだけ注意を払っているとは限りません。もしかしたら、前の人の話を引きずってイメージを膨らませているかもしれませんし、となりの人と世間話をしているかもしれません。ステージに出てきたあなたの印象から、勝手に想像をふくらましていることも考えられます。

話をする位置に立って、話し始める前の〝一間《ひとま》〟は、他のことを考えている人の意識をあなたのパフォーマンスへと集中させるために、とても有効な時間です。スポンジならば前に吸った水分を一度絞るように、これから起こるあなたのパフォーマンスが、より相手に吸収されるように促すための時間です。

また、人は話を聞いて頭の中でその情報をイメージ化するには、どうしても時間が必要です。つまり伝える側と聞き手とのあいだにはタイムラグが生じていて、この時間差を放っておくと、聴衆は次第に置いてきぼりの気持ちになり、他の想像を始めたり、あなたの話を聞いているのがおっくうになったりします。そうならないように、時々タイムラグを埋めるための〝間〟を置いて、話についていきやすくするのです。要は、相手が理解するための『時間的〝間〟』をつくることが大切です。

さらに聴衆は話が単調になるとすぐに飽きてしまいます。これに対しては、もちろん内容を魅力的にすることが大切ですが、話し方もとても重要です。飽きさせないように、声の高さや音色の変化、そして〝間〟の取り方に変化をつけるのも、とても有効です。

同じ〝間〟でも、ジョークの後のホッとさせるような緩んだ〝間〟や長く緊迫した〝間〟など、長さやニュアンスを使いわけることで変化が生まれ、聴衆の心に強い印象と鮮やかなイメージを描くことができます。そうすればあなたのパフォーマンスは、たくさんの人の心を動かすものとなるにちがいありません。〝間〟の極意は奥の深いものですが、相手に強く伝えたいという欲求を胸に、パフォーマンス経験を繰り返しながら少しずつ身につけていきたいものです。

相手が受け取りやすいタイミング＝心理的〝間〟のはかり方

ここに、迷子になって泣いている子どもがいるとしましょう。親を見失ってパニックになっています。何を聞いても、泣いているばかりでらちがあかないことがありますね。その子の気を紛《まぎ》らわし、少し落ち着かせることができれば、なにかの情報を聞き出せるかもしれません。

日々のコミュニケーションのなかで起きる自分の気持ちや提案を相手に伝えるとき、相手が他のなにかに気を取られていたり、夢中になっているときに伝えてもなかなか届きません。相手が「わかった」と返事をしても、鵜呑みにするのは危険です。後になって言った言わないでトラブルになることさえあります。

そうならないように、相手が受け入れやすいタイミング（時機）をはかることは、とても大切です。これが『心理的〝間〟』をはかることです。

しかし、そう悠長に構えてはいられないことも多いでしょう。そんなときのために日常から相手をよく観察し理解しておくと良いかもしれません。

相手の近況や性格、思考パターン、そして趣味や嗜好を理解して、伝えたいことがあるときは、その人の興味のある話題から入るのも一策です。そして相手の心が開いたところで、用件であるあなたの思いを伝えると、相手は受け入れやすくなります。伝えたいことは、相手の心が受け入れる態勢であるときに伝えたいものです。相手に関心をもって情報を収集し、相手の心の状態をなるべく理解することが肝要です。

〝情報収集〟というと、なんだか大げさで、打算的だと思うかもしれませんが、誰でもその対象になり得るわけですから、ほんの少しの関心や意識の変化が、大きな結果を生めば、労力をかける価値は充分にありますし、その先のコミュニケーションもスムーズになります。

日々の雑談力が〝間の極意〟を磨く

初対面の人やかかわりの少ない人に対するときは情報を前もって手に入れようがありません。そういうときに力を発揮するのが『雑談力』です。日々のニュースや天気など、誰でも知っている何気ない話題で相手とコミュニケーションをはかり、その中からその人の性格や今の興味を推し量り、共感を深めていく。そして心が開いた瞬間を見逃さずに、こちらの思いを話すのです。

言葉にするのは簡単ですが、この極意を身につけるには経験が必要でしょう。でも何も準備のできなかった重要な場面で、雑談することによって乗り切れた経験は私にもあります。そういう実体験が裏付けとなって、今では雑談力の大切さを身にしみて理解しています。

嫌いな人に対する〝間〟のはかり方

生きていく上で、必ず立ちはだかる〝苦手な人〟、〝どうしても好きになれない相手〟、いますよね。

私は、好きになろうと思う必要はないと思います。ただ、避けるのではなく、少しだけ関心をもつことが得策です。少しだけ観察するのです。その相手の趣味嗜好、考え方、大事に思っているとなどを知っておくと役に立ちます。それが雑談力につながります。

プライベートならば嫌いな人を避けて生活することは可能でしょうが、仕事の場合はそうはいきません。ならばどうしてもその人に伝えなければならない事柄ができたときのために、日頃から少しだけ情報収集しておくのも悪くはありません。コミュニケーションが少しでもスムーズになれば、気持ちが楽になって、そんなに嫌いでなくなる日がやってくることだってあるでしょう。

人と人の間に〝間〟があってこそ人間

社会の中で生きるということは、たくさんの人と関係を築くことです。面倒ですね、本当に！でも、その〝面倒さ〟が、人として生まれてきた意味なのかもしれません。家族や友だち、先生、同僚、先輩、地域社会、…。人が成長する過程でかかわる社会の範囲も広がります。出会う人の幅が広がればなかなか理解することもされることもむずかしい場面に直面して、腹の立つこともたくさんあります。また家族など親しい間柄だからこそ、意見が対立したり、感情的にぶつかってしまうこともあるでしょう。これはつらいことです。

この世に生まれてきた以上、人は必ず他者とぶつかります。それはまるで粒子のようです。粒子と粒子はぶつかり合って結合することや、反発し合うことがあります。粒子が結合するにしても反発するにしても空間がなければ動くことさえできません。

物と物のあいだにはかならず空間がある。

〝人〟のことを〝人間〟と表現します。多少の社会の矛盾や理不尽を〝間〟という空間におさめて帳尻を合わせてしまう考え方。人と人との間に〝間〟があってこそ、人を人間とならしめているという、私たちの祖先の深い哲学がそこにはあります。そして私たちはその〝間〟をはかりながら（気遣いながら）、社会というネットワークを作り、文化を育み、歴史を紡いでいるのです。


人と人との距離的〝間〟。空間を把握して表現のスケールをはかる空間的〝間〟。相手が理解する時間を作る時間的〝間〟。そしてもっとも伝わるタイミングをはかる心理的〝間〟。コミュニケーションにおいて〝間〟を知り使いこなすことは大きな力になります。

第9章

緊張との上手なつきあい方

私は講義のときに行うアンケートで、「緊張することは好きですか」と質問します。そしてそれに対して約9割の人が嫌いだと答えます。これはよくわかります。緊張するとドキドキするし、自分をコントロールするのがむずかしくなりますから。

ではあなたにお聞きします。「あなたは緊張することは好きですか?」

えっ! やっぱり嫌いですか。でも、緊張を嫌うのは、もったいないことです。緊張とはとてもありがたいことでもあるのです。

この章では、そんな〝緊張〟についてお話ししましょう。

緊張って本当に嫌なもの？

私は歌手を業《なりわい》にしていますので、緊張とは長くおつきあいをさせてもらっています。しかし長くつき合っているからといって、本番前に緊張しないというわけではありません。慣れた演目のときは幕開け直前にそれなりにドキドキし、新曲が入っていたり、段取りが大きく変わるときは、心臓の音がからだ全体に響き渡り、手足はガクガクと震えます。私はどちらかといえば緊張性の強いタイプです。でも、だからこそ舞台を続けてこれたのかなぁとも思います。

さて冒頭の話にもどりましょう。アンケートで「緊張が好き」、または「嫌いではない」と答えた1割の学生に聞いてみると、ほとんどが高校までスポーツをやっていたり、音楽や演劇・ダンスなどのパフォーマンスの経験があったりします。

すると、出たがりな性格の人は緊張に強いのだと思われるでしょう。確かに出たがりな性格の人がパフォーマーに多いのは事実ですが、私がお伝えしたいことは、「緊張が嫌いではない」と答えた彼らが、『緊張の効果』を体験的に知っている、ということです。なぜなら、私自身も緊張に助けられながらステージをやってきたひとりですから。

緊張は〝臨戦態勢〟

緊張するとき、人はどんな状態になるでしょうか？

心拍数が上がります。呼吸も速くなりハアハアして口の中は乾き、汗が噴き出します。しかも、日頃は汗なんてかかない手のひらや、足の裏までジトッとした汗がしみ出してきます。そして、手足がガクガクと震え、筋肉が硬直した感じがしていつもどおりにからだが動かない気がするのです。しかも頭の中が真っ白になって、自分が何をすべきかわからなくなったりするのも困りものです。緊張するとからだ中のあちこちが反応して不安な気持ちになるので、緊張に良い効果があるとは思えないのも当然です。では、なぜ人は緊張をするのでしょう。

これは、動物の自衛本能とかかわりがあるようです。我々の祖先は小型の哺乳動物だったといわれていますが、たとえば敵と直面したとき、相手がどの方向からどのように襲ってくるのかわかりません。狩りをするときも同じです。喰うか喰われるかの中で生きて行くために、全身全霊で獲物に立ち向かわなければなりません。

そういう緊急事態や臨戦態勢のときにパッと身体が動かせるように、筋肉をある程度立ち上げて待機状態にします。**いざというときに脳もからだもフル活動できる状態にするための準備。**それが緊張する理由です。

よく『火事場の馬鹿力』といいますが、火事で逃げなければならないときに、日頃はとても持ち上げられないような重い簞笥《たんす》を、独りで運んだり、子どもを助けたい一心で高い崖を一気に登ってしまうなど、日頃ならばとてもできないことをやってのけてしまう。それが緊張のなせる業《わざ》です。

臨戦態勢だからこそ、筋肉はいつでも動けるように温まっていないといけません。脳もすばやく反応しなければなりません。そのために筋肉にも脳にも血液が十分に巡るように、心拍数が上がってドキドキするのです。心拍数が上がれば酸素もたくさん必要になりますから呼吸が速くなり、その急激な活動によるストレスに対処するため、手足がガタガタ震えるのです。

緊張は温存しておいた力を使うための〝スイッチ〟

ところで、多くのスポーツ選手や芸能人が感じる〝緊張の効果〟とは、どんなものでしょう。

水泳の北島康介選手がオリンピックで優勝したあと、「自分のゴールはゴールをタッチしたときでなく、ゴールインしたあとに時計を見るところをゴールと定めて、訓練を続けてきた」とインタビューに答えていました。緊張は、ゴールに届くとわかった瞬間に緩んでしまうため、その緊張をゴールに手がつく瞬間まで持続させるため、ゴールイン後に時計を見るという行為をゴールと決めて、最後のギリギリまで緊張を持続させる練習を重ねたのです。

これは、彼とそのスタッフたちが〝緊張の効果〟を知り尽くしているからであり、その人の持てる力を最大限発揮するためには、緊張が必要不可欠であることを物語っています。

私にもいくつか思い当たる経験があります。あるコンサートでいくら練習してもなかなか覚えられなかった長いセリフが本番だけはちゃんと言えたことや、急な代役で段取りを覚える機会が与えられず、直前の打合せだけで何とか乗り切れたのは、緊張のお陰以外には考えられません。

私たちは日常をいつも全身全霊で生きているわけではありません。なんでも全力を使っていては、疲れて生命維持に支障をきたします。つまり余力を倉庫に備蓄しているようなものです。緊張とはいざというときのために取っておいたその力を、取り出すための〝スイッチ〟なのです。ただ、緊張には心臓がドキドキして息はハアハアとあがり、手足は震えてしまうという難点があります。そこがネックとなって、多くの人が緊張に対してネガティブな感覚をもち、その先にある恩恵を受けることができないのです。でもそれさえコントロールできれば、あとは良いことづくめなのです。

緊張とうまくつき合い恩恵を受けるには、どうしたら良いのでしょう。

それには緊張状態に慣れるしかありません。心拍数や呼吸数が上がりからだが震えるのは緊張の身体反応であり、残念ながらなくなることはありません。でも慣れることはできます。気にならなくなるまで繰り返し緊張を経験して、ドキドキもガクガクも当たり前のことにしてしまえば良いのです。

「えっ！慣れるまでやるなんて、嫌だ！1回でもつらいのに」と、ちょっと腰の引けたあなた、心配はいりません。うそみたいに楽に訓練する方法があります。

ドキドキに慣れるために〈緊張のワーク1〉

緊張に慣れるために、実際に私がやっている訓練法をご紹介しましょう。

まずは心拍数です。ドキドキするから落ち着かなくなります。ならば最初から心拍数を上げてしまいましょう。私は、新曲などを歌う本番が近くなると、（数日前に）軽くジャンプしたり1分くらいの反復横跳びをして、心拍数を上げてから歌う練習をします。ドキドキするだけでなく呼吸も上がるので、ハアハアしながら歌うのはとても苦しいのですが、これをやっておくと、本番に近い状態で練習できるので、本番にドキドキしても慌てなくなります。本当です。だまされたと思ってやってみてください。

みなさんもプレゼンテーションをしなければならないときなどに、その練習の前に少し走ったり、ジャンプを1～2分くらいやってから発表の練習をしてみてください。ドキドキハアハアしたなかで話すのは、けっこう大変ですね。でも不思議なことに本番に多少ドキドキしても慌てることなく対処できるようになっています。ハアハアしすぎて、声が枯れてしまうことがありますので、何回も繰り返す必要はありません。数日前に1～2回やるだけで効果がありま す。こういう訓練をしていると、次第に緊張することがこわくなくなります。

ただし、心臓に疾患をおもちの方や、けがをしている場合、または高齢の方にはこのトレーニングは向きません。くれぐれも体調と相談してトライしてください。

深く吐く深呼吸の勧め〈緊張のワーク2〉

また、ドキドキやからだが震える状態に対して、完全に止めるのはむずかしいものの、緩和することはできます。それには深く長く息を吐く深呼吸が有効です（☞**第Ⅰ部6章**）。すると、次第に震えやドキドキが収まっていくように感じます。ぼーっとしていた頭が、霧が晴れるようにはっきりすることもあります。

この呼吸法を覚えると、緊張に対してだけでなく、疲れているときやリラックスしたいときにも役立ちますので、ぜひ、いつでもできるようにしておいてください。

●息を深く吐く深呼吸のやり方

深呼吸というと大きく息を吸うイメージが強いでしょうが、この呼吸法は息を吐くことに意識をおきます。

①まず呼吸を整えたらゆっくり10～20秒ほどかけて息を深く吐き切りましょう。下腹部で息を絞るようにゆっくりと吐いてください。口を少し尖らせてスーっと音を立てて吐くと、吐く量を自分でコントロールしやすくなります。

②吐き切ったらそこですぐに吸うのではなく1～2秒丹田のあたりで堪えてください（☞**第Ⅰ部6章**）。

③その後、息を絞っていたお腹から腰回りの力を一気に抜きます。すると腰から背中の下のあたりに息がフッと入った感じがしませんか。これが腹式呼吸です。
④それだけでは息が足りなかったらもちろん吸ってかまいません。
⑤そのあと、静かに普通の呼吸を何回かして呼吸を整えます。
⑥もう一度①〜⑤までを繰り返します。

私の場合、①〜⑤でだいたい40〜50秒くらいです。①の最初の息を吐く10秒が苦しい人はそれより短くてもかまいません。この呼吸法に慣れていくと、次第に細く長く息を吐けるようになります。私は、本番直前や最中に行うときは、もう少しコンパクト（5秒くらい）にやっていますし、就寝前やお風呂の中でやるときは長めに吐くようにしています。習慣にすると自分のペースがわかってきますので、生活の中に取り入れて繰り返し、いざというときでも自然にできるくらいまで、からだに教え込んでおくと便利です。

トップアスリートも実行している〝深く吐く深呼吸〟の効果

アメリカの大リーグのピッチャーだった長谷川滋利選手が、ピッチャーマウンドで投球の直前に「必ず息を吐く」という話をTVのインタビューで聞いたことがあります。緊張状態の中で、精神を集中させるためにやるのだそうです。

この呼吸法は緊張の緩和だけでなく、集中力も高めてくれます。この息を深く吐く呼吸は自律神経を整え、集中力を高める効果があります。さらに、緊張するとき以外にもさまざまな効用があります。疲れたときにやると頭がはっきりして、気持ちが前向きになります。お風呂のときや寝る前に行うと、交感神経から副交感神経への移行がスムーズになり眠りに入りやすくなります。

面接会場に入る直前やプレゼンテーションのステージに立つときなど緊張状態のときはもちろん、予期せぬ事態に直面したときや、眠れない夜に、そして憂鬱なことを考えがちなときや、軽いパニックを起こしそうなときなど、さまざまなシーンでこの呼吸法が活用できます。

なぜ腹式の深呼吸が緊張に有効なのか？

それにしても、なぜ腹式の深く吐く深呼吸が緊張に有効なのでしょう。それには理由があります。

人は呼吸をしなければ生きてはいけないので、本能的に息を充分に吸おうとしています。ですから何か緊急事態が起きたり強いストレスがかかったときに、生命維持のために息を余計に吸いたくなり過呼吸状態に陥ることがあります。過呼吸とは、吸おうとする意識が高くなり過ぎて、胸の筋肉が堅くなり呼吸がしづらくなるので、不安が募ってさらに息を吸おうとする悪循環の状態のことです。

『パニック障害』になると、この過呼吸の状態に陥《おちい》ることがあります。血中の酸素量も多くなりすぎて頭は朦朧《もうろう》とし、心拍数もさらに上がって、まるで心臓発作でも起ったかのように感じてしまいます。このようなときは、口にビニール袋などを当てて、新しい空気が入らないようにしながら、吐いた息を再び吸うことを繰り返し、肺と血液中の酸素量を減らすことで落ち着かせます。

別に緊張していても過呼吸のパニック状態とは違いますから安心してください。ただ、少々過呼吸気味ではあるのです。緊張しているときに深く息を吐くことは、余計な酸素を外に出し、胸の筋肉を柔らかくして呼吸を楽にします。また腹式呼吸をすることで息のコントロールがしやすくなりますから、声も響きやすくなります。さらに何よりも集中力が高まるので、良いパフォーマンスが期待できるのです。

緊張を味方につけるには

緊張の素晴らしさを理解していただけたでしょうか。あとは味方につけるだけです。でも、緊張はすぐには味方になってくれません。人間関係と同じです。徐々に関係を深めていきましょう。

日々の生活の中でちょっとした緊張をする機会は結構あります。挨拶もそうです。ちょっと緊張してしまう相手に「おはようございます」「こんにちは」と声をかけてみることも有効でしょう。

授業中や会議中に質問の機会が与えられたとき、質問があるにもかかわらず黙っていませんか。その機会を逃すのはもったいないことです。どんどん質問をして緊張に慣れましょう。機会がやってきたときにスルーせず、ほんの少し勇気をもってその機会に発言したり、仕事を引き受けたりして、少しずつ自分から小さな緊張をする機会を増やしましょう。そのとき、かならず深く息を吐く深呼吸を忘れないでください。緊張で息が上がっているときは、口で4～5秒かけて息を吐くだけでも効果があります。

もしあなたが緊張で頭が真っ白になったとしても、この呼吸をすると、ほとんどの場合思い出します。それでもまだ真っ白でわからないままだったら、笑顔でそのとき感じたことを伝えれば良いのです。こういう一見失敗と感じがちな経験も、緊張を味方につける近道になります。

●緊張に慣れるためのポイント

①緊張する機会を増やす。
②事前に心拍数をあげて発表などの練習をする。

③深く吐く深呼吸をマスターし、緊張状態のときは必ずこの呼吸をしてから始める。

ドキドキに慣れると恋に強くなる!?

それでも緊張が好きになれない！そういうあなたは、自分が実際に緊張したときのことを思い出してください。特に緊張した後のことを。どこかワクワクしたような、爽やかな気持ちになりませんでしたか。

緊張するシーンを生活の中にたくさん取り込むと、人生に彩りが増したことにあなたは気づくはずです。ドキドキはその本番までは逃げ出したくなるような気持ちにさせますが、いざ本番に臨んでいる最中、意外にも心の中は静かな湖のような冷静さを感じます。そして終わると爽快感が残るはずです。特にしっかり準備をしたときは、たとえ結果が伴わなかったとしても、どこか清々しい気持ちになります。こういう経験を繰り返すうちに、気づけばドキドキやからだの震えが、そんなに気にならなくなっているはずです。

緊張するということは、その対象となるできごとがあなたにとって大切であり、そこで良い結果を残したい、良い評価をもらいたいという欲求の現れです。残念なことは緊張で失敗することではなく、緊張するくらい自分の人生にとって大切な場面のための準備を怠ってしまうことです。備えは万全に、最善を尽くしてください。成功も失敗も次への糧です。

私も今では、ステージの前にドキドキしないと逆に不安になります。緊張感が足りないと、往々にしてゆるんだ結果になることが多いからです。

緊張の〝ドキドキ〟は、恋をしたときの〝ドキドキ〟とおなじです。考えてみれば、恋は生命体として子孫を残すための〝臨戦態勢〟です。だから全身全霊で、緊張感を高めて臨むのでしょう。そしてパフォーマンスであれ、恋であれ、ドキドキしたあとはなんだかお肌の調子が良いことに気づきます。きっとからだの反応が新陳代謝を促しているのだと、私は感じています。どちらにしても〝緊張〟のドキドキワクワクを楽しみながら、〝緊張〟を良き相棒として、若々しく自分を表現し続けていきたいものです。もしかしたら〝ドキドキ〟を楽しんでいるうちに、すてきな恋があなたに近づいてくるかもしれません。

緊張とは緊急事態や臨戦態勢に備えて蓄えた力を発揮するためのスイッチです。
胸がドキドキして息があがり体が震えることにうまく対処できれば、思わぬ力が発揮され、集中力が高まるのです。

第10章

伝わるメンタルのつくり方
〜伝える技術より大切なこと〜

第Ⅰ部からこの第Ⅱ部まで、舞台人の基礎訓練をもとに、表現力を強化するために役立つと思われる知識や技術、簡単な訓練のしかたをお伝えしてきました。

どうかむずかしく考えず、興味のあるところ、必要なところ、できそうなところからトライしていただけたらうれしいです。意識さえ変われば、訓練は本当に簡単なことばかりです。そして最後に、その〝意識〟についてお話ししたいと思います。

＝大切なのは、伝えたいと思う〝意志〟＝

表現の技術は訓練さえすればかならず上達します。自分が苦手と感じるところから手を打っていけば良いのです。問題は**〝気おくれ〟を放置しておかないこと。**

苦手なことは誰にでもあります。苦手がいけないのではなく、それに気おくれして、立ち止まってしまうことが問題です。多少苦手なことがあっても、前に進んで行けば、何とかなることの方が多いのです。あとは慣れです。

もっとも重要なことは技術ではなく、何かを『**伝えたいと思うあなたの意志**』であり、そして胸を張って伝える『**あなた自身の誇り**』です。強く心の底から伝えたいと念じていることがある人は、たとえ技術が伴わなくても伝わります。相手の心を動かします。

そして『**伝えたいと思うことがなんであるかをしっかりと把握している**』ことです。いざ伝える場面に立ったとき、緊張で頭が真っ白になったとしても、勝手に口が動いているくらいに伝えたいことを整理し、把握し、頭と心にたたき込んでおけば安心です。これまで積み上げてきた研究の成果、プロジェクトの理念、あなた自身の信念、夢などを、事前に短くまとめて、繰り返し口に出して諳《そら》んじておくことです。

メンタルの強さとは？

よく「メンタル[※1]が強い」という言葉を耳にしますが、メンタルはどうしたら強くなるのでしょう。この疑問は誰もが抱き、私も日々この疑問に突き当たります。

もし、誰もが「自分は弱い」と感じているならば、強い人はいないことになります。でも私たちは人を見て「あの人は強いなぁ」と感じるのです。

では、私たちはどんな人を見たときに「あの人は強いなぁ」と感じるのでしょうか。

スキャンダルにまみれても、それを逆手に取ってカムバックする芸能人。大けがに見舞われても、リハビリをこえて結果を残すアスリート。何度も試験に落ちても繰り返し挑戦をし続ける人、さまざまな障害を乗りこえようとする人、そういう人たちを、私たちは強いと感じます。

そこから見えてくる、『メンタルの強い人』とは？

自分の弱さ（弱点や不安）に何度も向き合い対処してきた結果、**〝自分の弱さ〟を認めておそれなくなった人たち**のことだと言えるでしょう。そしてそのメンタルは、自分の心を支えている大切なものをしっかり認識して、自分を肯定的に認め誇りに思うことで磨かれるのです。

〝弱さ〟と〝打たれ弱さ〟は別ものである

私は若い人と接していて、とてもピュアだと感じています。純粋で素晴らしい可能性をもっていますが〝打たれ弱さ〟も感じます。先ほどお話したとおり、人の強さとは、自分の弱さを認めていることでもあるのです。失敗や自分の弱さに対処して、前に進む手だてを考える力が

〝メンタルの強さ〟です。

ですが、〝打たれ弱さ〟は違います。自分がその困難に負けてしまうのでは、と不安を感じて止まっている状態。少しだけやってみた中途で不安が募り立ちすくんでいる状態。それが〝打たれ弱さ〟です。

〝打たれ弱さ〟（＝メンタルの弱さ）は失敗不足からもきています。または、一度の失敗に傷つきすぎた結果かもしれません。子どものころから小さな失敗を重ねてこなかったことで、失敗に対する免疫ができていないのです。失敗する前に助けることが教育だと勘違いしていた親の世代にも責任があります。しかし親の責任にしていても何も生まれません。どう対処するかが問われています。

その答えは前に進むこと。たとえ目の前が壁だらけだったとしても、とりあえず前に進んでみる。一時休んで、また動いてみることです。

社会は矛盾と理不尽にあふれている

ところが、社会は矛盾や理不尽さであふれています。

※1　メンタルとは本来は「精神的な〜」「心の〜」という名詞と結びついて使われる形容詞ですが、日本では転じて「心」「精神」の意味で使われています。

恋愛だって考えようによれば、あんな理不尽なものはありません。「なんで思いどおりにならないの」と、男女の利害は相反することが多く、うまく成就すればその喜びはこの上ないけれど、しかしそうならないことも多く、ハッピーなのは一時だけという場合もあります。

あなたが誰かに受け入れてもらえないと感じるときも、それはあなた自身が否定されたことではありません。時間をかけてあなたらしい仕事や方法で、アプローチし続けることがあなたのやるべきことです。そしてときには自分が身を引くことで、あなた自身がもっと必要とされている場所へたどり着くこともあります。ジグソーパズルの中に不必要なピースは一片もありません。すべてのピースに納まる場所はあるのです。

人は生まれながら個性的で、大切にするものも願いも違えば、社会にある矛盾と理不尽さはどうしようもありません。それはあなたのせいではなく、世の中の仕組みの中で誰もが少なからず感じていることです。私たちは、自分の大切なもののために最善を尽くせば良いのです。

傷つける言葉を吐く人は、すでに傷ついている

私たちは時々、わけもなくひどい言葉で傷つけられることがあります。理由もなく大切にしているものを奪われることもあります。

もし、あなたが必要以上に攻撃的な言葉を受けたとき、それはあなたのせいではなく、その

言葉を言った人がすでに傷ついているのかもしれません。

悲しみや怒りや憎しみはすべて愛情から生まれたもの、〝愛情の変化球〟だと言えます。小さな怒りや悲しみも、往々にして伝播するあいだに増幅してしまいます。大げさにいえば、愛情の変化球が伝播を繰り返しながらふくらんで、悲しい事件を引き起こしているのです。

ひどい言葉を浴びせられたり、仕打ちとも思える行為をされれば腹が立つのは当たり前です。でもどこかで誰かが冷静に受け止めて、増幅させないように自分の感情に流されないことが大切です。むずかしいことですが、**怒りや憎しみがかならずしも自分にだけ向けられているとは限らない**と想像して、負の連鎖を小さなところから止めなければなりません。

仲間とともに〝強くなる〟ことのすすめ

私たちがもっとも傷つくのは人間関係ですが、私たちを強くしてくれるのも人間関係であり社会です。本書でも、自分を客観的にとらえるには、たくさんの他人《ひと》の目に自分をさらすことだと繰り返しお伝えしてきましたが、メンタルも同様です。とくにメンタルの場合、自分の愛着を肯定することが重要です。愛着の対象は人それぞれです。互いに大切なものを認め合うことで、その誇りは磨かれていきます。もっとも核になることを、人は簡単には語れません。大切なものほど、信頼関係がなければ表現することはできません。

相手を観察し、その人の素晴らしさを感じること、魅力を探すこと。その人の喜びや抱える憂鬱《ゆううつ》に耳を傾けること。簡単には受け入れられないことを覚悟しつつ、徐々に距離を縮めてゆくこと。時には反発しあうこと。そして理解する努力をすること。受け入れること。これらは、あなたのコミュニケーション力のパワーになり、メンタルを強くしてくれるでしょう。〝打たれ弱さ〟は恐れです。恐れは相手を知ることで小さくなって行きます。

伝える力を磨くには仲間が重要です。伝える行為には必ず相手がいるからです。ですから、折々に、グループワークを重ねることで信頼関係が生まれ、あなたのメンタルを強くします。

表現は慣れることで、上達しますから、どうぞ、臆せず恥ずかしがらず、ダメな自分を互いにさらけ出して、仲間とともに上達していってください。コミュニケーションにマニュアルはありません。関係の数だけ方法があり、あるのはあなたの個性と相手の個性だけなのです。

メンタルが強い人とは、自分の弱さや壁に向き合い対処し続ける人のこと。表現する上でもっとも大切なことは、伝えたいと願う意志と、あなた自身を肯定する誇りです。

第 III 部

分野別

伝わる声と身体のつくり方

第1章

就職活動のための伝わる声と身体のつくり方

年々就職に向き合えない学生が増えていると聞きます。就職活動の途中で心が折れてしまったり、就職してもすぐ辞めてしまったり、就職活動自体をしたくないと思っている学生も増えているようです。

私が講義のときに行うアンケートにも「自分の行きたい職場に行けるのか不安」「希望の職場に行けたとしても、自分のやりたい仕事に就けるか不安」「職場で自分を受け入れてもらえるかどうか不安」「自分に何が向いているのかわからなくて不安」「安定した収入が得られるかどうか不安」といった就職に対する不安がたくさん書かれています。そして「すべてが不安」「ずっと不安がある」などの漠然とした不安を表す人も少なくありません。

情報収集が不安を軽くする

就職を控えている皆さんが不安になる理由は、未知のことが多いからです。ですが、今日を境に不安な気持ちでいるのは終わりにしましょう。そして自分の進みたい職業や企業のことをできるだけ知ろうとしてください。漠然とした不安に対しては、具体的な不安の要素を挙げることからはじめましょう。自分が不安に思うことから調べ始めるのです。

就活専用の〝マイ就職ノート〟を作り、まずそこに不安に思うことや自分が知りたいことを書き出して、それについて調べます。不安の原因が自分自身に起因する場合もあります。たとえば、ちゃんと勤まるのか、が不安なら、その業務内容を調べましょう。配属された部署の人間関係が心配ならば、とりあえず会社の入口まで行ってみるのも良いでしょう。そこに働いている人たちの表情をよく観察してみると、案外安心するかもしれません。会社が遠かったりして実現できないこともあるでしょうが、思いつくままに書き出してみて、それに対して何ができるのかを考え調べてみましょう。

自分の頭や足を使って、業界のこと、その企業の体質や理念、業務内容やどんな部署があるか、休暇や給与体系、業界においての位置やライバル企業、魅力や弱点など、知りたいことや気になることを書き出して、どんどん調べることです。マニュアルはありません。マニュアルどおりにやろうとすれば、ほかの人と同じになるだけです。自分のできそうなところ、調べやすいところをやって行けば良いでしょう。

学校の指導教員の意見は重要です。豊富な経験と情報があります。しかし、就職はあなたの人生の重要な転機です。それを人に預けてはいけません。ネット上の情報を鵜呑みにしないことも大切です。自分の感覚が最終判断です。

するといつのまにか、その企業や業界の情報が〝受け売り〟ではないあなた自身の情報となり、面接などで格段に役立つことでしょう。なぜなら、自分で調べた情報は、そのままあなたの脳を通過して、〝自分の言葉〟として発せられるようになるからです。そして、あなた自身が動くことで少しずつ不安も消えて行くのです。

自分の基準作りは〝感じること〟

でも、情報を収集するだけでは充分ではありません。

それを知ってあなたは何を感じましたか。その業界や企業をさらに好きになりましたか。それともちょっと嫌になりましたか。

いま感じたことを決して忘れないでノートに記録しておきましょう。なぜなら、経営者や人事の人が一番知りたいところがそこなのです。企業や業界が求めている人材は、けっして命令に従うだけの人ではありません。会社のために信念を持って動くことができる人であり、与えられた指針に対して自分で考えて行動できる人材なのです。あなたが何を考え、感じ、それに対してどのような行動を選択したか、つまり個性が重要なのです。

もう一つは、〝人と自分を比べない〟こと。これはとてもむずかしいことです。就職の場合、募集人員には定数があり、そこに入れるかは競争です。私たちはいつも競争の中に置かれていて、相手を気にしないわけにはいきません。ですからついつい人を羨ましいと思って、自分を曲げてしまいそうになります。

就職は「合格か不合格か」ではなく「マッチするかしないか」です。

もちろん就職が早く決まった方が安心です。でも、たとえすぐに決まらなかったとしても、落ち込む必要はありません。最終的な目標は、自分の個性を充分に活かすことのできる、あなた自身が満足できる職場にたどり着くことです。なにに満足するかは、人によって違います。

伸びしろを感じさせるには

とはいっても、やはり選ばれなければ前に進めません。そのために自分を確実に伝えることが大切です。自分は本当は〝キュウリ〟なのに〝大根〟と思われては、キュウリを探している人に会うことは難しいでしょう。自分は本当は〝大根〟なのに自分自身を〝キュウリ〟だと思っていても残念です。最低限、自分が〝キュウリ〟であると信じているならば、そのことを相手に伝えなければなりません。自分のやりたいこと、夢、今まで生きてきて心の底から楽しかったこと、自分がなにに対して誇りを感じているか、大切に思っているものはなにかなど、自分自身を客観的に捉え、正確に表現することです。

また同じキュウリならば〝新鮮〟な方が選ばれます。

この〝新鮮〟さとは年齢というより〝伸びしろ〟のことです。入社後にその企業の指針を理解し、現場の業務を覚え、信頼関係を構築できるかが見られています。相手にあなたの伸びしろを感じさせることが重要になるでしょう。

面接など初対面の場面には、その人の立ち方や仕草、表情などの外見的な印象から人柄を判断します。したがってまず立ち姿がもっとも重要です。誇りをもって堂々と立つことを訓練しておきましょう（☞**第Ⅱ部5章**）。

対話するときは、相手に対してからだを正面に向けて話すことで、素直さや誠実さを表します。斜《はす》に構えるのは疑いや不信を表してしまう場合がありますから気をつけたいところです。

さらに相手にからだを向けることで、自分の声が相手に届きやすくなります。言葉を届けることも大切ですが、声の中にはあなた自身の今まで生きてきた情報がたくさん含まれていますから、しっかりと届けたいものです。

そして自分の言葉で話すことです。だれかの受け売りではなく、マニュアルどおりの紋切り型でもなく、自分が感じたことを率直に言葉にすることです。たとえその言葉が聞かれたことから外れていたり、稚拙であったとしても、マニュアルどおりの答えより好感を持たれる可能性は高いと思います。

緊張するのは当たり前。むしろ緊張している方が伸びしろを感じさせる場合もありますから、緊張に慣れて味方につけておいてください（☞第Ⅱ部9章）。

面接の練習はグループワークが有効

さらに、相手に笑顔で接することができれば…、自分の仕草のくせも知っておいた方が良いし…、歩き方も目線の使い方も…と、挙げればキリがありません。でも、これらは面接の現場で急にできるようにはなりません。それよりも、面接までのあいだにどれだけ模擬面接を経験できるかです。最初から上手な人なんていませんから。

模擬面接は大学や専門学校などの就職対策でも行っているようですが、さらに面接を控えている仲間どうしで、可能なら指導教員を巻き込んで、定期的にグループワークをすることをお勧めします。互いに質疑応答をし、そのときに複数の目で表情や印象、立ち方や仕草、歩き方、そして話す内容をチェックして、マイナスになりそうな部分を率直に伝え合います。けなすのではなく、互いの魅力が伝わるように「こうするとさらに良くなると思う」と伝えるのです。すると次第に自分を客観視できるようになります。特に〝話すテンポ〟や〝間〟の取り方、顔がうつむいていないかなどは気をつけてチェックしてください（☞第Ⅱ部5章）。

面接の本番に際して

いよいよ本番という場面でもできることがあります。息を深く吐く深呼吸です（☞第Ⅱ部9章、☞第Ⅰ部6章）。少し心が静かになり、すべきことがみえてきます。自分が大切にしているものをもう一度心に留めて、背筋を伸ばしてください。そして、いつもよりゆったりと動きましょう。緊張していると、身体が堅くなりがちで、無意識に早口になったり、せかせか動いてしまったりするからです。でも、もしそうなったとしても落ち込む必要はありません。緊張している人は好感をもたれます。集中力も高まっているので、緊張している自分を受け入れることの方が大切です。

声が震えていても気にしなくて大丈夫です。声が震えることが当たり前だと思って前に進んでください。私も本番中よく声が震えていますが、本人が気にするほど人は気にしていません。私たちひとりひとりがジグソーパズルの一片であるならば、必ず気持ち良く収まる場所があることを信じて、就職活動を頑張ってください！ Ｇｏｏｄ Ｌｕｃｋ！

第2章

医療従事者を目指す人のための伝わる声と身体のつくり方

私は、医療系の大学で声と身体表現の講義を行っています。けれど、医療関係の仕事に従事したことは一度もありません。ただ、医療系の大学で先生や職員の方が感じている危機感と学生に求めているもの、そして私自身の3回の入院と10回を超える家族の入院の度に感じたことがあります。そうしたことをもとに、医療に携わる人に必要な声と表現について、私なりの考えをお話しします。

命の現場で情報を正しく伝えるための滑舌

病院の待合室で、自分の名前が呼ばれたような気がして返事をしたらほかの人だった、という経験はありませんか。長く待たされたときなど私は何度も返事をしそうになります。

また、調剤薬局の窓口で番号を呼ばれても、何番なのか聞こえないことがよくありますよね。最近では電光表示されることが多いですから、困ることは減りましたが、それでも最終的には番号や名前で呼ばれます。

医療の現場では、働いている人のほとんどがマスクをしているので、マスクを通って聞こえてくる声は、モコモコしていてはっきりわからないことも多いのです。

たとえば、「ナナセさん」なのか、「ナマセさん」なのか、「ハナダさん」なのか、「ハネダさん」なのか。間違えば大変な事態につながりかねません。人の名前だけではありません。薬の名前も大変です。「アテネゾール」か「アテネノール」なのか。似た名前でもまったく違う作用の薬がたくさんあります。「サクシン」か「サクシゾン」なのか。これは実際に間違えて投与されて事件になったことがあるそうです。

数字や単位も正確に伝えることが大切です。1（イチ）時なのか、7（シチ）時なのか、45（シジュウゴ）か75（シチジュウゴ）なのか、3個（サンコ）なのか、8個（ハッコ）なのか。単位もセコンドか、ミニッツか、グラムか、ミリグラムか、と挙げるとキリがありません。

滑舌は、個人差が大きいことが特徴です。医療の現場では必然的に年配者やハンディーキャップを持つ人と接する機会も多くなります。総合病院のように組織が大きくなると、さらにスタッフも患者もそれぞれの出身地方の訛りも影響して、より聞き取りにくくなる場面が多くなります。

伝えなければならない肝心な言葉の子音を長く発音すること、忙しい現場で早口になり過ぎないようにコントロールできるよう練習しておくことは重要です。現場に出てからとっさにできることは限られます。滑舌に自信のない人は、時間の余裕のあるうちにぜひ練習しておいてください。

練習と思うとおっくうに感じますが、ゲーム感覚で『外郎売り』を楽しみながら挑戦してはどうでしょう（☞第Ⅰ部7～8章）。

声のトーンの使い分け～〝遠く響く声〟と〝穏やかな声〟～

ミスが許されない現場では、互いに情報を共有するためにしっかり相手に声を届けなければなりません。覚悟をもって現場に臨む看護師さんたちは、ハキハキしている人が多く、さすがです。

しかし、私が入院していたときに、大きな声の看護師さんがいて、正直イラっとしたことがありました。

すべての大きな声の看護師さんの声が嫌だったわけではありません。これは私が声の仕事をしているからなのかもしれませんが、どこか作ったような声を出す人、それから喉に力を入れて発している声、ヒステリックに感じる声に対して嫌悪感がありました。

健康なときなら気にも止めないことが妙に気になります。病気への不安や仕事を休んでいる自分の不甲斐なさと焦りが、耳障りな声に対して敵意として向かって行きました。

そうした苦手な看護師さんに点滴の針を入れ直してもらわなければならなくなったりすると、からだが勝手に拒絶反応を起こして筋肉が堅くこわばったりするのです。

「患者と接するすべての人にボイストレーニングを」とまでは言いませんが、自分の声が時々耳障りな音を発しているかもしれないということを予測して、声のトーンの使い分けができるようになっておくと良いでしょう。

緊急時に遠くに伝えるときの〝甲高く遠くに響く声〟も命の現場では大切です。そして近くの人に、患者の心が開くように伝えるときの〝穏やかな声〟。少なくともこの2つのトーンを切り替えられると、医療現場のコミュニケーションがよりスムーズになると思うのです。

声のトーンは歌でボイトレ、ついでにストレス解消はいかが？

私たちは日常の中で無意識に声のトーンを使い分けています。でも、日頃から自分の声の音色を意識していないと、とっさに変えられるものではありません。

もし時間的な余裕があれば、医療の現場での声の質とコミュニケーションについて話し合う機会をつくってください。自分の声を客観的にとらえるために、互いの声の印象をグループで伝え合うのです。マスクをつけたときとつけないときとの聞こえ方の違いも知っておくと有効です。相手との距離や状況に対応した声を出せるように、いろいろなケースを想定して検証してください。

そして、いろいろな音色の声を出すための訓練には歌が有効です。歌は声と呼吸を安定させる最高のボイストレーニング法です。しかも心を解放してくれます。元気な歌、しっとりとした歌など、歌う曲想に応じて使う声のトーンも変わります。レパートリーを増やしながら、カラオケなどを楽しんで歌ってトレーニングしてください。ついでにストレス解消ができれば一挙両得ですね（☞第Ⅰ部5〜6章）。

身体の向きと視線で信頼を構築する

からだの向きは言葉同様に多くを表現します（☞第Ⅱ部5章コラム）。また、初対面の人は言葉より仕草から人を判断します。からだの動きには本音が現れやすいからです。

患っていると人は傷つきやすい状態にあり、医師やスタッフの一挙一動が気になります。最近では、診察中の医師は、ほとんどパソコンの画面を見ながら話をします。患者はただでさえ心細いのに、先生が一度も自分と視線を合わせてくれないと、とても不安を感じます。しかもマスクをしていることが多いので表情は見えにくく、その先生が何を感じているのか、親身になってくれているのか、がわからないと心配は増長します。

私の大好きなT先生は、横に助手を置いてパソコンの入力を任せ、ご本人は絶対にカルテを書きません。そして診察のときは必ず「や～お久しぶりです！　どうですか」とニコニコ話しかけてくれます。そのT先生は、上半身だけでなく全身を私に向けて診察してくれます。「あ～良かったね、血液検査の結果も悪くないよ、でも○○の数値が少し上がっているから、そこは気をつけないとダメだよ」と、私の瞳を覗き込むように言われると、「はい」と不思議なくらい素直に返事をしてしまいます。

からだの向きは動物的な感覚で本能に訴えます。正面を向くことで誠実さを表し、「斜に構える」という言葉があるとおり、斜めという位置関係では、疑いが生まれやすいのです。

医師は見られる仕事です。どういうからだの向きがどういう印象を与えるのかを知っているのと知らないのとでは、患者との関係に差がでてきます。

医師だけではありません。看護師、技師、リハビリテーションの療法士、そして医療に携わり患者と接するすべての人は、自分の何気ない仕草が与える印象について知り、訓練しておくことはとても重要でしょう。忙しい中でなるべくスムーズに患者の心を開き、信頼を得て治療を進めなくてはいけません。そのために、現場のさまざまなケースを想定して、自分の仕草が相手にどう映るかを話し合いながら身につけていくグループワークを、養成期間中に繰り返し経験することが大切です。

覚悟と誇りを持って立つ

私は、医療系の大学に通う学生は精神的成熟度が高いと感じています。一度社会に出てから入り直して来る学生もいて、人生の目的をはっきりとイメージして入学する学生が多いことが、そう感じさせる要因でしょう。〝立ち姿〟の良い学生が多いのです。

それでも、私に講義の依頼をくださったM先生は、少なからず不安を訴えています。真面目で優しい若者ほど、厳しい現実の中で悩み、辞めてしまうこともあると聞きます。また、病院のさまざまな立場の医師やスタッフ、病を抱えて接するのがむずかしい患者に対してコミュニケーションを取っていかなければならない状況に、慣れることができないでいる卒業生が多いことを憂慮していました。

私はM先生に、それらの困難に対してなにが一番大切かをうかがったところ、『覚悟』だとおっしゃっていました。問題や壁を想定して、覚悟をもって臨むことが大切であると。

この話をうかがったとき、正直荷が重いと感じました。しかし、覚悟について一緒に考えることはできるのかな、と思いながら、今日に至っています。覚悟とは、①困難や不利益、危険の可能性を前もって自覚し、それを受け止める心構えをもつこと。②仏教語。迷いを脱して真理を悟ること。③来るべきつらいできごとを避けられないものと諦めること。と辞書にありました。

厳しい現実を目にすることは医療の世界に限ったことではありません。どんな世界にいても、苦しいことは必ずあります。M先生のおっしゃるように、心構えをしておくことが大切でしょう。そして「自分は必ず乗り切れる」という自信をもつこと。

自信は経験と誇りから生まれます。誇りは自分の心の底の小さな愛着を自覚することで育ちます（☞第Ⅱ部5章）。どうぞみなさん、覚悟をもって、誇り高く立ちながら、尊い仕事をまっとうしてください。

Column

異世代とのつながりに有効な歌の力

これから医療の現場で働きたい人に、ぜひ覚えてほしい歌があります。それも、2種類の歌を覚えてほしいのです。

一曲は、年配者なら誰でも知っている曲。もう一つは子どもが大好きな歌。その2曲です。どちらもワンコーラス（一番）の歌詞だけでも良いですから、覚えていつでも歌えるようにしてください。

人と人が深く信頼し合う関係を築くには時間が必要です。でもその時間がないとき、相手の心が大きく揺らいでいるときに、歌が大きな役割を果たすことがあります。特に個人と個人の関係を構築するときに有効です。歌は歌う人の声を通して、相手の心の深くに思いを届ける力があります。

子どもやお年寄りなど心細い立場の人を慰めるのに、歌は力を発揮します。けっして上手く歌う必要はありません。あなたの知っている歌を私も知っていると伝えて、一緒に歌うことで心の垣根が外れる場合があります。医療の現場だけでなく、自分と違う世代の歌を知っていると、その世代の人と早く打ち解けます。上司とのコミュニケーション、新人との関係構築、そして子どもの心をほぐすために、その相手だけに届ける歌は関係を作るためのとても重要な手だてとなります。

その機会は突然やって来ます。それは、ちょっとした出来事かもしれませんし、大きな災害のときかもしれません。あなたの家の近所など、病院以外のところで遭遇するかもしれません。ですから、いつでも歌えるようにとっさに頭に浮かぶように、時々は歌いながら覚えておいてください。

●年配者が知っている歌

「上を向いて歩こう」「川の流れのように」「涙（なだ）そうそう」「ふるさと」「赤とんぼ」「青い山脈」など

●子どもが知っている歌

「アンパンマンのマーチ」「となりのトトロ」「さんぽ」など

第3章 おかあさんのための子どもに愛が伝わる声と身体のつくり方

母親が子どもに歌う子守歌は、子どもを安心して寝かせるために歌います。そして、子どもはその声の奥にある母の〝愛情〟を感じ取っています。私にはそれを確信したできごとがありました。

ある産婦人科の病院が主催する「赤ちゃんとそのおかあさんのためのコンサート」に出演したときのこと。その日、会場の冷房が壊れていて、たくさんの赤ちゃんとおかあさんで満席だった会場は、とても蒸し暑く、赤ちゃんたちが次々に泣き出してしまったことがありました。その泣き声がさらに泣き声を誘発し、最後は私たちの演奏や歌が聞こえないくらいの〝泣き声コーラス〟になってしまいました。

私はどうして良いものかわからず途方に暮れて、思わず「おかあさんも一緒に歌ってください」と言いました。『赤とんぼ』を歌っていたと思うのですが、おかあさんたちが歌い出すと次第に赤ちゃんの声が静かになって、あっというまに今までの泣き声の大合唱がうそのように、会場がシーンとなったのです！

歌い手としては、こんな屈辱的な経験はありません。

でも、一人一人の赤ちゃんをよく見ると、どの子もおかあさんの声の方向へ視線を送りながら穏やかな顔になり、まるで恋人を見るようなうっとりした表情になっているではありませんか。多少ぐずっている子もいたのですが、うだるように暑い会場の中、一瞬にしてほとんどの子どもを泣きやませ、しかも幸せそうな顔に変える母の声の不思議さに、私はひれ伏すような思いになりました。そして確信しました。赤ちゃんたちはおかあさんの歌の中に「愛されている」という幸福感と安心感を感じ取っていることを。

子守歌を歌わなくなったおかあさんたち

私は、２００９年に乳幼児とおかあさんのためのコンサート『最高の子守歌』を制作し、それを機に乳幼児とおかあさんに出会う機会が増えました。そこで出会ったおかあさんたちに「子守歌を歌いますか」と質問すると、「子守歌をあまり歌わない」と答える人が多いことに驚きました。

歌わない理由でよく耳にするのが、「なにを歌ったら良いかわからない」「自分が音痴かもしれないので、子どもが音痴になったらこまるから」「ＣＤやＴＶなどのメディアがあるので、それを聞かせている」「忙しくて歌ってあげられない」などでした。

でも、子守歌を歌わないことは、とてももったいないことです。言葉を持たない乳幼児にとって、歌はおかあさんの心の底深くの愛情に触れさせてくれるものだからです。

声にはたくさんの情報が含まれています（☞第Ⅰ部２章）。そして言葉をまだもたない子どもたちは、その声からおかあさんの心の状態を感じ取っています。歌はその人の声を通してさらに深い、おかあさん自身さえ気がつかない想いを子どもに伝えます。私は愛情を伝える最高の道具は歌であると思っています。そんな素晴らしい道具を持っていながら使わないなんて、なんともったいないことでしょう！

愛が伝わる子守歌の歌い方

「なにを歌ったら良いかわからない」と答えるおかあさんがたくさんいます。そう聞かれたら、私は好きな歌を歌ってくださいと答えます。なんだってかまわないのです。演歌であろうがクラシック歌曲であろうが、アニメの主題歌であろうが、Ｊ-ＰＯＰであろうがかまいません。歌詞を間違えようが、めちゃくちゃに歌おうが、音程が外れようが、鼻歌で適当な言葉を適当に歌っても良いのです。その子どもが自分のために歌っていると感じられれば良いのです。

でも、もし覚えているなら、あなたが子どものときに聞いたおかあさんやおとうさん、おばあちゃん、おじいちゃんといった、あなたのことを大切に思ってくれた人が歌っていた歌を、子どもに歌ってもらえたら素晴らしいと思います。それは歌のためでもあります。

歌は歌う人がいなくなれば、その命は終わります。母から子へ、子から孫へと受け継がれれば、歌はその命を長らえます。そして歌いながらその人を思い出すことで、おかあさんやおばあちゃんの想いが、歌とともに子どもに伝わるのではないかと感じています。

特に叱らなければならなかったときに、お子さんを抱きしめて歌ってあげてください。きっとお子さんはあなたの声からあなたの深い思いを感じて、安心することでしょう。

子守歌でボイストレーニング

「声に自信がないから子守歌を歌わない」と思っている人は、どうかそんな考えは捨ててください。あまりにもったいないからです。

響けばどんな声でも良い声です（**第Ⅰ部１章**）。あとは好みの問題です。ポイントはおかあさんが気持ち良く響かせる声を出すこと。子守歌を喉に力を入れて、がなるように歌う人はあまりいないでしょう。やはりやさしく耳元でささやくように歌う人が多いと思います。そこが子守歌がボイストレーニングになる理由です。これは、声を磨く上でも有効な発声法です。鼻歌を歌うように楽しげに、やさしく自分の好きな歌を歌う。歌は歌う人を元気にします。しかも、あなたが気持ち良く歌うことで、その心地良さが子どもに伝わり、安心感をあたえるのです。

子どもを音痴にしたくないと心配している人は

子守歌を歌わない理由の中で私がもっとも驚いたのが、「自分の音痴を子どもにうつしたくない」という理由でした。これが何と多いことか！

日本人は自分を音痴だと思っている人がとても多いのです（☞第Ⅰ部9章）。でも、本当の音痴はとても少ないので、ほとんどのおかあさんは音痴ではありません。ただ音を外してしまうと子どもの音程を感じる耳が悪くなるのではないか、と心配しているのでしょう。

真剣に子どもを音痴にしたくないと願うなら、おかあさん自身が音楽を楽しむことです。別に子ども向けの音楽でなくても良いので、好きなジャンルの音楽を楽しんでいる姿をお子さんに見せてあげてください。幼い子どもはおかあさんの感情にシンクロし、おかあさんが好きなものを好きになります。そうして子どもも音楽が好きになるのです。

耳が不自由で言葉が上手くしゃべれない親に育てられたとしても、子どもの耳が健常であれば言葉は普通に話せるようになります。たとえあなたが音程を上手く取れなかったとしても、あなたが音楽を楽しめば子どもの耳にはたくさんの素晴らしい音楽が入ってきます。音程の感覚（音階）は、話す言葉が単語から文脈に変わる少し前、2〜3歳くらいから10歳くらいまでのあいだに発達するといわれています。そのころに家族で音楽を楽しむことが、子どもを音痴にしない一番の良い方法です。音楽を楽しいと感じる心を育てるのです。

「音痴にしたくないから子守歌を歌わない」なんて考えずに、どんどん歌ってください。そしてできれば、生の演奏を聴く機会をたくさんつくってあげてください。

—子どもを音痴にしないために—

第4章 理系学生と研究者のための伝わる声のつくり方

理系の学生や研究者の皆さんも、研究だけやっていれば良いわけではありません。あるときは人と考えを闘わせ、あるときは協力を求め、またあるときはチームの中の人間関係をなるべくスムーズにする必要に迫られ、プレゼンテーションの機会も訪れます。

そして社会に出れば、異なるバックグラウンドをもった人たちとの研究や交渉、微妙な利害関係のなかでコミュニケーションを図っていかなければならなかったり、重要な場面で、あなたがプレゼンターとして立たされることがあるかもしれません。

この章では、理系学生や研究者の皆さんの声と表現について、少し掘り下げて考えます。

惜しい学会発表！　低いプレゼンテーション力

第Ⅰ部でお話ししたように、私が大学で講義をするきっかけをつくってくれたのはK氏でした。そのK氏が、初めての講義の数か月後に「学会を見に行きませんか」と、誘ってくれました。「えっ、私が学会に！　場違いすぎる」と驚きましたが、意外なことに学会によっては、誰が聞きに行っても良いのだそうです。

実際に行ってみると、私が想像していたものとはまったくちがうものでした。私がイメージしていたのは、スティーブ・ジョブスが新しいiphoneを発売するプレゼンテーションのように、大きな舞台の真ん中に大きなディスプレイがあって、その前を行ったり来たりしながら話をするというものでした。学会もいろいろで、ホールのような大きな会場で行われることもあるそうですが、たいていは大学の教室や会議室などが会場として使われ、それも1人が、5～20分くらい話をして、数分質問を受けて次の人に替わる、というように1人の持ち時間がとても短いことにも驚きました。

司会らしき人はいましたが、名前や大学名を紹介するだけで、あとはまるで流れ作業のように次々と発表者だけが替わっていきました。私にはベルトコンベアーで部品が運ばれていく工場のように見えました。研究内容はどれもチンプンカンプンだったものの、K氏が私をこの学会発表に連れてきた理由が、なんとなくわかるような気がしました。

まず感じたことは、発表する人の着ている服がとても地味なこと。みんな同じようなネクタイをし、たいていの人は小綺麗にしていましたが、なかにはくしゃくしゃのシャツやしわだらけのズボンの人もいました。そして、ただモゴモゴとしゃべり、下ばかり向いて、時々パソコンとプロジェクターに目をやるのが精一杯な人が多く、オーディエンスに視線を向ける時間がとても少なかったことが気になりました。長年自分が研究した成果を話すのに、楽しそうに語る人がとても少なかったのです。

せっかく一生懸命研究しているテーマについて人に見て聞いてもらえる機会なのに、発表する人が全然楽しんでいないのです。発表しないと単位がもらえない。次のステップに進めない。嫌だけれど仕方ないからここに立っている…。

私にはそんなふうに見えました。舞台人から言わせてもらえば、なんともったいないことでしょう！

研究の成果が伝わる声と話し方

そして、もっとも私が気になったことは、やはり声でした。

緊張すれば、声がひっくり返ることは仕方ありません。それよりも、声がどこに向って発せられているのか声のターゲットがまったく見えないことの方が問題だと思いました。自分の研究を誰に伝えたいのか。その人がどこにいて、どうしたらその人たちの心に深く伝わるか。基本的なことですが、緊張でその肝心な事柄がどこかへ飛んで行ってしまっては残念です（☞**第Ⅱ部9章**）。

声のトレーニングには多少時間がかかります。でも伝えるべき相手に確実に伝えるという意識さえしっかりともって舞台に臨めば、たとえ大きな声が出なくても、うまく伝えることはできます。ほとんどの場合マイクという拡声技術を身につけて立っています。

自分がもっとも伝えたいことは、原稿を読むのではなく、一番伝えたい相手の方に目線とかからだを向けて話すべきです（☞**第Ⅱ部3章**）。私が見学した発表でも資料が配られていて、ＰＰＴ[※1]でプロジェクターに表示されている図表や、読んでいる原稿とほぼ同じものが書いてありました。書かれたのと同じ内容を読むだけというのは、段取りを消化している消極的な姿を表してしまいます。

原稿を読むにしても、開始前は一度オーディエンスを見渡すことが重要です。その〝ひと間〟が、聴く側の集中を促しますし、あなたの人柄やそのプロジェクトへの向き合い方を表します（☞**第Ⅱ部8章**）。声が小さければ、ゆっくり話すこと（☞**第Ⅰ部7章**）。これも聞きづらさをカバー

※1　パワーポイント：マイクロソフト社製のプレゼンテーション用ソフトです。手軽にスライドの作成が可能で、資料として表やグラフ、主張をビジュアルで表現することができます。他にキーノートやプレジなどがあります。

します。そしてなるべく背中を丸めず、胸をオーディエンスに向けることで、堂々と見えるし、胸に共鳴している声が相手に届きやすくなります。話すテンポに変化を持たせれば、気が散っていた人の興味を再びこちらに向けるきっかけになるかもしれません。

最重要課題は、発表することをあなたが本気で楽しむこと！

衣装も、あなたの立ち姿と同様にプロジェクトへの思いと、そのプレゼンテーションへの意気込みを表しています。けっして目立てば良いという意味ではありませんし、くしゃくしゃのシャツや背広が良い結果を生み出さないとも限りませんが、相手にどんな印象を与えるのかを考えて、衣装を選択すべきでしょう。

気を配ることはまだあります。もっとも伝えたいキーワードをどうやって際立たせるか。目線の配り方は、身体の動きは、など、考えるべきことはたくさんありますが、もっとも重要なポイントは〝発表することをあなた自身が本気で楽しむ〟ことです。楽しめば自然と笑顔も生まれます。笑顔になれば相手も笑顔になります。緊張がほぐれるので、声も出しやすくなりますし、しかもよく響きます。少なくとも下を向いてモゴモゴということはなくなるでしょう。

なによりもそのプロジェクトに、あなたが積極的に参加していることが伝わります。そこが重要です。人は、相手の感情に共感することで興味を感じるものだからです。あなたの楽しそうな姿から、そのプロジェクトの素晴らしさを感じるのです。

そして楽しめばあなたの脳は勝手に伝えるための工夫をしてくれるでしょう。そのときに役立ててほしいのが本書にある伝えるための技術です。たとえ最初の発表がうまく行かなかったとしても、場数を踏むことで、きっとあなたのプレゼンテーションはどんどん上達するでしょう。そして楽しんでいるうちに、もしかしたらスティーブ・ジョブスのようなお洒落で粋な、オーディエンスをワクワクさせるパフォーマンスも夢ではなくなるのです。そして、アッと言わせるプレゼンテーションを目指すことで、飛躍的な研究成果や製品を目指すエネルギーが、さらに湧いてくるでしょう。

表現することは本来人間にとって楽しいことです。緊張することも慣れてしまえばワクワクするようなことであることを、どうか忘れずにいてください。

PPT（パワーポイント）に愛（ホスピタリティ）を！

現在、プレゼンテーションに欠かせないのがＰＰＴです。学会を見学に行ったときに、スライドされたグラフや表や論点などが無機質に並べられていて、なんだか眠くなりました。特にプレゼンターがスライドばかりを見ていると、ついオーディエンスもその視線の方向に目がいきます。そのＰＰＴが無機質だと残念な気持ちになりました。

また、プレゼンターがスライド上に書かれていることをそのまま読むのもよくありません。なぜなら、プレゼンターとスライドではプレゼンターが主でありその補足としてスライドが存在します。ところが、プレゼンターがスライドを読み始めると、その主従関係が逆転し、スライドが主でプレゼンターがそれに従っているようにオーディエンスに映ります。すると、急に言葉は文字の羅列という無機質なものに変わり、印象が遠のいていくのです。

人は感情が伴った言葉で印象を深くします。子音は感情が伴うことで長くなり、それを受け取ることで、オーディエンスの脳もイメージを描いているのです。プレゼンターは自分の意志で言葉を発することが重要であり、スライドに従ってはまずいのです。

スライドはあくまであなたの言葉を分りやすく伝えるための道具です。研究やプロジェクトをあなたの代わりに発表してくれるロボットではありません。近年では、あまりにＰＰＴに依存する傾向から、プレゼンテーションでＰＰＴを禁止する企業さえも出始めていると聞きました。ＰＰＴを使う場合、プロジェクトの核心を印象づけ、オーディエンスの笑顔を引き出すくらい魅力的なＰＰＴをつくってプレゼンテーションに臨んでください。

第5章

芸能人（声優・俳優・歌手）を目指す人の伝わる声と身体のつくり方

〝表現する〟ことはかけがえのない行為です。それを職業にしたいと望むこと、それは表現を追求する者の自然な欲求です。成功すれば有名になれたりお金持ちになれるチャンスがありますが、なりたい人が殺到していて、ごく一部の人しか生計を立てることがむずかしい業界であることを理解して、挑戦してください。

一言で芸能の世界（芸能界）といっても幅広く本当にさまざまです。それが声優なのか、音楽なのか。音楽の中でもポピュラー音楽とクラシックでは大きく状況が違います。ポピュラー音楽の中でも歌謡曲、ロックやジャズ、など細かく分かれています。

芝居の世界も大きくはＴＶや映画、舞台、と分かれていますし、その他にもお笑い芸人やタレント・マジック・ダンス・モデル・古典芸能、など挙げればキリがなく、それぞれが細かく流派や系統に分かれています。なにをどのように目指すかによって、考え方や掘り下げ方も大きく変わってきます。

その各分野の中で頭角を表すには、基本的な表現はできて当たり前で、プラスなにか際立った個性や技能があることが必須です。さらに、一般的な社会とは少し違う理不尽とも思える価値観に揉まれることも多く、自分の欠点や弱い自分と向き合う精神力も必要になります。また、芸能界をあきらめたとき、一般社会で生きて行くスタートが大きく遅れる可能性もあります。

ですから、後悔しないためにもリスクを良く考えた上で、本当に挑戦したいと強く望む人は、覚悟をもって臨んでください。

激しい競争率の〝声優〟を目指す人が自覚すべきこと

私のところにボイストレーニングに来る人の中にも、声優志望の人がたくさんいます。トレーニングを経て、実際にプロフェッショナルの声優として、TVのアニメやゲーム、洋画の吹き替えなどで活躍している人もいます。私は、彼ら（彼女たち）のそばで長い時間その活動を見ていて、彼らは険しい道を進む、まさしく戦士だと感じています。

オーバーではありません。なぜなら、現在若い人のなりたい職業ナンバーワンが声優だからです。にもかかわらず、俳優や歌手に比べてフィールドが小さく、人気声優が何本ものアニメやゲームの仕事を受けることができるので、必要とされる人口がとても小さい業界でもあるのです。

歌手や俳優、芸人などはTVや映画などのメディアの仕事のほかにステージ（劇場やホール、ライブハウス、イベント）というフィールドがあります。仕事をする場所も首都圏だけでなく、全国に渡っています。しかし声優のフィールドは、アニメかゲームか洋画の吹き替えなどがおもなもの。イベントの仕事はあってもアニメや人気のあるゲームに出演していないと、なかなか依頼はありません。

声優は、なりたくてもなれない職業の一つなのです。なのに、全国にたくさんの声優養成学校が乱立し、そこに通う若者と卒業生の数は増え続けています。

これから声優になりたいと思っている人は、まず、もっとも激しい競争の中を闘わなければならないことを自覚してください。アニメ好きだから、ゲームが好きだから、憧れている声優さんがいるから、という動機だけでなれる世界ではありません。

厳しい競争に勝ち残るには、自分がどのような声を持ち、どんな役ならこなせるのか。自分を客観的にとらえて足りない技術をどれだけ早く習得し、自分の魅力や強みを表に打ち出す戦略が打てるか。そしてオーディションに落ち続けても、現場でひどいことを言われても、夢をあきらめずに頑張る精神力を持てるか、が重要です。

脅すつもりはありませんが、なれないものを目指しても時間の無駄です。目指すからには覚悟を決めて、絶対になるんだ！という強い信念を自覚して、あとは振り向かずに前に向かって進んでほしいのです。

絶対に夢を実現させるセルフプロデュース力を身につける

私は、夢を実現させるためにもっとも必要なことは、イメージ力とセルフプロデュース力だと思っています。イメージ力とは、できるだけ早い時点で、より具体的な成功や具体的なパフォーマンスをイメージできること。

そして、セルフプロデュース力は、そこへ到達するために今なにが足りないのかを判断して、足りないものを習得する力であり、自らの努力だけでは不十分なものを補ってくれる人を見つけることができる力、さらに困難な状況に直面したときに対処することができる力のことです。

もし、あなたに誰もが認める優れた才能があれば、セルフプロデュース力を発揮するまでもなくすぐにスカウトが来て、あなたをマネージメントしてくれるかもしれません。オーディションに受かって道を切り開いてくれるプロデューサーともすぐに出会えるでしょう。でも今、あなたがそういう状況にないということは、すでにそこからは外れていると自覚すべきです。

セルフプロデュース力は生きる力です。セルフプロデュース力に恵まれている人が努力することで、大きな成功があります。しかも、激しい競争の中で生きて行くことは孤独です。みんながライバルだからです。そして席取りゲームの席は限られています。「あそこに席が空いているよ」とやすやすと教えてくれることはありません。少なくとも、あなたは独りで（グループの場合もありますが）マネージメントやプロデュースしてくれる人のいるところまで、自力でたどり着かなければならないのです。

その手だてや道しるべとなるのが、あなたのイメージです。そしてなんとなく頭の中に浮かんでいるイメージを、実際に具体的な言葉や絵などに書いてみることが大切です。まに合わせの紙に書くのではなく、書いたものをいつでも見返せるように、また定期的に何回も書きなおして、自分の心の変化にも気づけるように、それ専用のノート＝マイノート、を作ることをお勧めします。

セルフプロデュース力を磨く〝マイノート〟のつくり方

新しいノートを一冊用意してください。あなたが手に取るとワクワクするような表紙のデザインや大きさ、紙質など〝大切にしたくなるノート〟を選んでください。私の場合は、無地が好きなので、絵を描く人がデッサンに使う〝クロッキーノート〟（22㎝×25㎝）を使っています。

このノートがまずあなたにとっての最初に出会ったプロデューサーであり、マネージャーであり、なんでも相談できる友人です。

その新しいノートの1ページの真ん中に、あなたの「なりたい将来の夢」を書いてください。「声優」、「女優」とか「俳優」、「歌手」、「芸人」、「ダンサー」、「マジシャン」、「ミュージシャン」などと大きめに書き、その下にできるだけ細かく、どんな特徴の声優なのか、俳優なのか、歌手なのか、楽器の種類…、などをくわしく書き込んでください。もちろん芸能関係をめざしていなくても〝マイノート〟は有効です。それぞれの夢を書き込んでみてください。

声優ならばどんなキャラクターをやりたいのか、誰のような声優になりたいかなどを。入りたい事務所があればその名前を。歌手ならばソロなのか、ユニットなのかを。音楽のジャンルは、バンドを組むか、曲はオリジナルか、どんな楽曲か、衣裳は、ステージの世界観は、客層ファン層はどんな人たちなのか、などをできるだけくわしく書いてください。俳優ならば、舞台俳優なのか、TVなのか、映画なのか。もっとも活躍したいフィールド、役柄、誰に演出してもらいたいか。監督は、脚本家は、共演者は。かなうかかなわないかが問題ではありません。自分がなりたいことを具体的に文字にするのです。

つぎに、少し大きめのあいだを空けて、自分にとって「こうなれば最高!」と思う、当面の最終目標＝「満足のいく成功のイメージ」をその下に書き込んでください。

声優ならば、「プリキュアの一人に選ばれる」「ワンクールにレギュラー3本」「〇〇さんと共演」「〇〇監督作品に出演する」など。歌手ならば「全国ドームツアー決行」「ミリオンヒットを出す」など。タレントならば「週4本以上のTVレギュラー出演」または「売れて六本木のマンションに住む」などでも良いでしょう。どのくらいの成功が自分の夢なのか。年収はどのくらいだと成功と思えるのか。それは一瞬だけで良いのか。継続的にその成功が続いてほしいのか。どんな生活がしたいか。買いたいものは。車は、家は。大きな夢である必要はありません。あなたが満足だと感じる状態をより具体的にイメージできれば良いのです。でも、お金のことは必ず書いてください。その仕事でどのくらいの収入を得たいかは、どのくらいの努力が必要になるかの目安になるからです。

書けましたか。

いま、はっきりと自分の成功のイメージを書けなかった人は、まだまだ準備不足です。「なんとなく売れたい」「なんとなく有名になりたい」「人気者になりたい」だけではプロフェッショナルはまず無理です。「なにを、どうやって、どんなふうに売れたいのか」を、より具体的にイメージしてください。

つぎに、まん中に書いた「なりたい夢」を中心にして、いま書いた「満足のいく成功のイメージ」と対称の位置（上の方）に「現在の私」と書き込んでください。

クリアなイメージがあなたを夢へと運ぶ

さあ、ここからがセルフプロデュースの始まりです。違う色のペンを用意し、頭の中で「満足のいく成功のイメージ」から「現在の私」を引いてください。

足りないものは何ですか、技術ですか、個性ですか、ルックスですか。

足りないと思うものすべてを書き込んでください。そしてその差を埋めるためになにをしなければならないか、それを具体的に考えて書き込んでいきましょう。

そして、「満足のいく成功」を実現するまで、あなたは何年の猶予があるでしょうか。5年ですか、10年ですか。実現可能だと思える年数を書き込んでください。途中で結婚しますか。それとも成功までは結婚しないと思いますか。子どもは。

次に新しいページを使って、近い将来について書いてください。

2年後にはどうなっていたいですか、5年後、10年後の理想の状態を書いてください。

ここまで書いて、あまり具体的な成功のイメージを持てなかった人、またはこれは自分には無理だと感じた人は、その夢は趣味として持ち続けることにして、別の職業を探しましょう。けっしてプロフェッショナルだけが芸能の世界ではありません。自分のペースで自分のやりたいことだけをやるのも一つの生き方です。アマチュアとして素晴らしい結果を残したアーティストはたくさんいます。プロとしてお金をいただくということは、必ずしも自分のやりたいことばかりができるわけではないことも覚悟しなければなりません。

自分の夢を実現するための決まったコースはありません。他の職業と明らかに違うことは、決まった道がないことです。ですから当てずっぽうに歩いて当たることもあれば、これがコースだ、近道だ、と信じてずっと歩いていてもたどり着かないままで終わることもあるのです。

この〝マイノート〟は、あなたのセルフプロデュース力を磨き、助けとなってくれる大切なノートです。このノートに今あなた自身に足りないと思うものを書き込み、それをどうやって手に入れるかを考えてください。そしてそれらに優先順位をつけてください。その最優先事項が声ならば、ボイストレーニングに行くか、それとも自分でトレーニングするのか、を判断することです。

演技力ならばどこかのワークショップに行くか。養成所に入るか。たくさん芝居を観るか。仲間と劇団を作るのか。体力が足りないと感じたならば、運動をすぐに始めること。マネージメント力が足りないならば、行きたい芸能事務所の戸を叩いてみる。すぐには入れないかもしれませんが、オーディションのエントリー方法くらいは教えてくれるでしょう。

また、そのノートにあなたの武器となることを書き出してください。容姿なのか、性格なのか。ならばどんな性格なのか、ギターが弾ける、体操選手だったら身のこなし、などです。

そして弱点・欠点も書きましょう。それらにどう対処していくかがあなたの腕の見せどころです。また、第Ⅱ部2章に書いたように、欠点が最大の武器になることも忘れずに。あなたが持っている、他の人にないものをできるだけたくさん挙げて、それらをどれだけ上手く表現できるかが勝負です。

あなた自身が魅力と思えなくても、人と違うというだけで、芸能界では価値があったりしますから、思いつくことをすべて書き出してみてください（☞第Ⅱ部2章）。

壁にぶつかったときなど、時々マイノートを見直しましょう。誰でもかならず壁にぶつかります。そんなときにはもう一度自分の心の中をノートで整理してください。人は自分の本心になかなか気づかないものです。それを教えてくれるのがマイノートです。そして目的までの道筋が見えないときも、答えは自分の中にあります。それに気づかせてくれるのもマイノートです。

なにを書いても良いのです。うれしいとき、チャンスに出会ったとき、迷ったとき、絶望しているとき、ことあるごとにマイノートと一緒に考えてほしいと思います。日記とはひと味もふた味もちがう、一緒に夢を見て、考えて、悩んでくれるマイノートは私にとって、今でも大切な友人であり、プロデューサーです。

芸能を目指す人の声のつくり方 〜自分の〝素の声〟を知る〜

声の話をしましょう。

ボーカルを目指す人は歌が上手くて当たり前、声が響いて当たり前、さらに突出した個性が求められます。少しでも声にトラブルを感じていたり、疑問があれば、なるべく早く相性の良いボイストレーナーに相談してください。運動選手がトレーナーを抱えるように、ボーカリストも相談のできる良いトレーナーとは長いつき合いになりますから、気持ちが通うことが大切です。理にかなった発声、長時間歌えることは当たり前であり、さらにあなたのイメージする〝個性的な魅力のある声〟をつくってください。

俳優や声優はいろいろな役柄を演じます。役になり切るとき、衣裳やメイクは重要です。私はメイクを乗せる〝素肌〟が大事なように、声もその人の〝素の声〟があり、そこに役を乗せるのだと思っています。ですから、まずあなたが〝素の声〟を出せることが大切です。

でも、この〝素の声〟を人の前で出すことは意外とむずかしいのです。それを出せるようにするには、やはり訓練が必要です。まず声を気持ち良く出し馴れること・無駄な力が抜けること。腹式呼吸や気持ち良く声を響かせることも、人前で〝素の声〟を出すためには重要です。

私の思う〝素の声〟とは、あなたが一番心を許している人とくつろいでいるとき、何気なく「そこのみかん取って」とか「今日寒くない」と話しかけるときの声。本当に何気ない声のことです。同じ人に対してであっても、何か意図が入ると私たちは猫なで声になるなど声の音色を無意識に変えます。

日常において私たちは〝素の声〟を軸に声色《こわいろ》を無意識につくっています。当たり前ですが、そこにはリアリティがあります。少しでも演じようと意識が入ると、どこか不自然さが生まれます。

いろいろな人の声を聞くことを仕事にしていると、自分の〝素の声〟を軸にして役作りできることは、表現者にとってとても強みになるのでないかと感じています。演じることは虚構の世界であり、だからこそリアリティが必要で、そのような場面で、演じたり歌ったりするその人の声の中の真実性の有無が、その魅力に深くかかわるのです。それが人を共感させ感動させる声なのではないかと感じています。

声優を目指す若者の中に、日常から〝作り声〟で話をしている人をよく見かけます。人は無意識に声色を作りますが、同時に無意識に〝人が作り声をしている意図〟も感じてしまいます。たくさんの声優志望の人のボイストレーニングをしていますが、日常の声を〝萌え声〟っぽく作っている人より、〝素の声〟が出せる人の方がオーディションに受かっているようです。現在のアニメの女性の声優さんは〝萌え声〟を出すことは必須かもしれませんが、それはあくまで演じてのことであり、虚構の世界だからこそ、演じる人を選ぶときは、その人の本質に触れたくなるのではないでしょうか。

表現のエキスパートになる

芸能の世界は何かを表現してお金を戴く表現のプロフェッショナルな世界です。エキスパートの世界であり、その訓練は果てしないものですから、芸能の世界を職業として目指す皆さんには、本書は基本の入口でしかありません。そしてあなたがその道をあきらめるまでトレーニングは続きます。

あなたに必要な技術は、あなたの目指すそれぞれのエキスパートから習ったり盗んだりしてください。習うことも大切ですが、観て聞いて五感で感じて、ほしい技術をもっている人と、なるべく一緒にいる時間を長く過ごすこと。身体の外に表れる〝表現〟は、目に見えない心の中を反映します。その深い根源的な動機や理由をも感じ理解して、何としてもほしい技術を身につけてください。

訓練は、繰り返し行うことで深く身体に沁み込みます。身体に叩き込むものです。好きでなければ到底続けられるものではありません。ですからどうぞこの茨《いばら》の道を可能な限り楽しんで進んでください。

そうしてでき上がったあなたの声や身体は、〝職人の手〟と同じです。あなたの生き方を表すもの〟であり、それは唯一無二のあなたにしか作れない、あなたの作品です。私たち表現を職業にしている者は皆、自分が商品です。この商品は〝心〟をもっていますから、消費者から「この商品高いわね」「これは古いな」「これは使い物にならないよ」などと言われれば傷つきます。それでも、私たちはそこに屈することなく、オーディエンスを笑顔にするため、あるときは涙してもらうために、自分の作品を自分で磨き続け、売り続けなければならないのです。

あとがき

もしあなたが自分の声が届かないなぁと感じても、もう「嫌われているのかも」とか「自分はダメな人間なのでは」と、傷つかないでください。落ち込む前に、それは技術的なことが大きいのだと思い直してください。

みなさんが一概に〝声が届かない〟と感じていることには、子音の発音がクリアでなかったり、しゃべるテンポが速かったり、間やタイミングがうまく取れていなかったり、または本当に声が小さかったりと、理由は必ずあります。その原因を知ることが伝わるようになる近道です。技術は練習さえすれば必ず上達します。対処の仕方はいくらでもあるのです。しかも少しトレーニングしたことで、〝気後れ〟さえなくなれば、たとえ技術が拙かったとしても、あなたの状況はずっと良くなっているのです。

伝える上で、個性はとても大切です。表現はその人の個性と結びついて魅力的になります。そして声も個性の一つです。第Ⅰ部2章で声にふくまれる情報についてお話しましたが、あなたの声の中には、あなたが生まれてから現在に至るまでのさまざまな経験や思い、そしてあなただけではなく、あなたに影響を与えてくれた家族や仲間や尊敬する人などの存在すら隠れています。そのこと自体、あなたが一人ではない証拠です。あなたの本質、生き様がそこにあります。どうぞ、あなたご自身の声を大切に思ってください。良い声とは響く声のことです。あなたの声をどうどうと響かせて、あなた自身を伝えてください。

もし、あなたが自分自身をありのままに表現できたら、オーディエンスの心に深く残るために、さらにあなたはなにをすれば良いのでしょうか。あなたが今まで見たすべてのパフォーマンスのなかで、もっとも忘れられないものを思い浮かべてください。それがなぜ心に残っているのでしょうか。

おそらくそのパフォーマンスと出会ったとき、なんらかの衝撃があったはずです。意外性、想像以上だったり、初めて見る衝撃だったりなど、驚きがあったのではありませんか。

そうです。強く心に残るものには、かならず驚きがあります。衝撃が記憶を深く刻むのでしょう。つまり、ちょっとした遊び心を持って、表現にギャップをつくることができれば、さらに良いパフォーマンスにランクアップできるのです。

就職の面接などで、できることは限られていますが、それでも嫌みにならない程度のギャップは、印象を強める可能性があります。強面《こわもて》の外見とは裏腹な可愛い性格、おとなしそうなのにスポーツ万能など。自分では見つけられないギャップは、仲間に発見してもらうのが良いでしょう。

プレゼンテーションにもギャップは大いに役立ちます。難解なテーマに身近なたとえ話を使ったり、ジョークを入れると客席の関心を惹きつけます。そんなオーディエンスを笑顔にするパフォーマンスをぜひ目指してください。

パフォーマンスだけではありません。日々のコミュニケーションの中に、ちょっとしたギャップや驚き、ユーモアをうまくとりいれて、相手を笑顔にしている人は人気があります。自分の中のギャップを知っていることは、あなたのパフォーマンス力を高めてくれることでしょう。

私は長いあいだ、表現力とは芸能の世界で生きる人にこそ重要なものだと思っていました。しかし大学での講義と出会ったことで、今では、表現力は社会の中で生きるすべての人にとっての最優先課題だと思っています。

そのことが私自身の価値観を変えました。子どものころからの「人はなぜこの世に生まれてくるのだろうか」という究極的な疑問の答えが、何かを表現するために生まれてきたのではないか、と考えるようになったのです。そして、その〝何か〟とは、「愛」だろうと思っています。「愛」といってもさまざまです。ご存知のとおり、〝愛〟とは人が人に対して感じる愛着のことだけではなく、仕事や趣味などの行為をとおして表現される愛情もあります。

人が肉体を持って生まれてきたのは、その個性豊かなからだと心を使って、互いの愛情や愛着を示し合うためなのでしょう。そして〝表現することを楽しむこと〟こそが人生の最大の目的だと考えるようになりました。社会は良くできたもので、あなたが自分を表現すれば、社会があなたの行くべきところに運んでくれます。いつの日かあなたの心が深く望み、しかも必要とされる場所にたどり着くのです。

しかし人と違うことを恐れて自分自身を偽り、人と同じように振る舞っていると、なかなかあなたが本質的に求めているところ、必要とされるところに到達するのはむずかしいでしょう。人と自分を比べるのではなく、「違うことにこそ価値がある」ことを心に留めて、その違いを楽しんでください。

あなたはあなたの人生で〝何〟を表現し、そして相手から〝何〟を受け取るのでしょう。願わくばあなたが伝える〝何か〟が人を幸せな気持ちにさせ、夢を抱かせ、そしてあなたが多くの人からたくさんの〝笑顔〟を受け取りますように。

２０１６年５月　あらたに葉子

あらたに葉子（あらたに・ようこ）
歌手、ボイストレーナー。東海大学工学部・埼玉医科大学非常勤講師。国立音楽大学声学科卒業。NHK教育番組を経て、子供のためのコンサートを中心に音楽活動を展開。声優や俳優、歌手のボイストレーナーとして活躍のかたわら、大学で声とコミュニケーションについての講義を行う。
あらたに葉子 オフィシャルサイト
http://www.leaf-kikaku.com/yohco/

コミュニケーション力《りょく》が上《あ》がる！
伝《つた》わる声《こえ》のつくり方《かた》

発行日　2016年7月20日　第1版第1刷発行

著　者	あらたに葉子
発行者	串崎　浩
発　行	株式会社 日本評論社 〒170-8474　東京都豊島区南大塚3-12-4 電話 03-3987-8621（販売） 03-3987-8599（編集）
印　刷	精文堂印刷
製　本	井上製本所
ブックデザイン	原田恵都子（ハラダ+ハラダ）
イラストレーション	柏葉ユカ